笔名／艺名／别号的故事

张颖震　张壮年　编著

九州出版社 JIUZHOUPRESS | 全国百佳图书出版单位

图书在版编目（CIP）数据

笔名、艺名、别号的故事 / 张颖震，张壮年编著
. -- 北京 ：九州出版社，2024.5
ISBN 978-7-5225-2987-5

Ⅰ．①笔… Ⅱ．①张… ②张… Ⅲ．①名人－生平事
迹－中国－通俗读物 Ⅳ．①K820-49

中国国家版本馆CIP数据核字(2024)第109596号

笔名、艺名、别号的故事

作　　者	张颖震　张壮年　编著	
责任编辑	郝军启	
出版发行	九州出版社	
地　　址	北京市西城区阜外大街甲 35 号（100037）	
发行电话	(010)68992190/3/5/6	
网　　址	www.jiuzhoupress.com	
印　　刷	北京捷迅佳彩印刷有限公司	
开　　本	880 毫米 ×1230 毫米　32 开	
印　　张	8.375	
字　　数	212 千字	
版　　次	2024 年 8 月第 1 版	
印　　次	2024 年 8 月第 1 次印刷	
书　　号	ISBN 978-7-5225-2987-5	
定　　价	48.00 元	

目　录

一　笔名

1."鲁迅"笔名做何解释

鲁迅本名周樟寿，又名周树人。"鲁迅"是他 1918 年在《新青年》杂志上发表第一篇白话小说《狂人日记》时首次使用的笔名。在此之前，人们只知有周树人，不知有鲁迅。据说，鲁迅的同窗好友许寿裳在《新青年》杂志上看到《狂人日记》这篇文章时，被文章深刻的内容和洗练冷峻的笔法所打动和吸引。当他细细品味这篇文章时，发现很像好友周树人的写法，但署名却是"鲁迅"。这个"鲁迅"是谁呢？许寿裳不知道，于是，他写信给周树人，问他是否读了《狂人日记》这篇文章，认不认识文章的作者。收到回信后，才知道"鲁迅"

鲁迅原名周樟寿，又名周树人。"鲁迅"是他 1918 年开始使用的笔名。

原来就是周树人，是周树人新起的笔名。后来，周树人常用"鲁迅"这个笔名发表文章，人们对这个笔名开始熟悉起来，慢慢地不再叫他周树人，而用鲁迅替代了。到最后，有人竟忘了他的本名，只知鲁迅，而不知周树人了。

据说，许寿裳曾问过鲁迅，为何要取这个笔名。鲁迅回答说，他在日本留学时，曾用过"迅行"笔名，这个笔名是取自励前进奋发之意，而《新青年》杂志不同意用别号署名，所以，临时将"迅行"改为"鲁迅"。"鲁"是取用了母亲的姓，周、鲁又是同姓之国。"鲁迅"又有愚鲁而迅速之意。

据《庄重文先生传略》记载，大约在1926年底或1927年初，庄重文和几位同学一起驾一艘小火轮到厦门接鲁迅来集美做讲演时，曾在途中问鲁迅笔名的含意，鲁迅说："'鲁迅'就是英文 NOTHING，就是'一无所有''没有什么''什么也不是'的意思。"这可能是鲁迅对自己这一笔名更深层次的解释。

著名史学家侯外庐对"鲁迅"笔名另有解释。他在一篇文章中说，一般人把"迅"字解释为"快速""迅捷"，是有点不明就里。他说，《尔雅·释兽》对"迅"的解释是："牝狼，其子，绝有力，迅。"其注释是："狼子绝有力者，曰迅。"文中的"獥"即"激"，从犬，言兽性；从水，言水性。都含有激烈、有力之意。迅，即古意上的狼子。鲁迅的名字可理解为牝狼的一个有勇力的儿子。侯外庐认为，周树人取鲁迅为笔名，是将自己比作一个狼子，表现出他对封建制度的勇敢叛逆精神。侯外庐曾就这一解释向鲁迅夫人许广平征询过意见。许广平听后，笑着连声说："谢谢！谢谢！"这是否可以算她认可了这一说法，看来尚无法肯定，但这一解释符合鲁迅的思想经历，却是无疑的。

2. 鲁迅有一百四十多个笔名

　　鲁迅的原名周樟寿是他祖父周福清为他起的。当时周福清在北京做官，接到鲁迅出生的家信时，正巧有个姓张的京官访问他，周福清认为很吉利，于是便给鲁迅取小名为"阿张"，又以同音异义的字取学名为"樟寿"。这是鲁迅的弟弟周作人在《鲁迅的青年时代》一书中提到的。1898 年，鲁迅在南京水师学堂读书时，他的一位当学堂监督的本家爷爷又为他改名为周树人，取"十年树木，百年树人"之意。

　　据专家考证，鲁迅使用笔名最多的年份是 1933 年和 1934 年。1933 年，鲁迅先后使用过 26 个笔名，1934 年使用过 40 个笔名。这两年使用的笔名几乎占了他一生使用过的笔名的一半。

　　鲁迅的笔名形式多样，寓意广泛，有寄情的，有自励的，有言志的，有斥敌的……内容之丰富，立意之深刻，令人叫绝。

　　鲁迅的故乡绍兴，春秋时属越国，为了寄托乡情，鲁迅为自己取了"越客""越丁""越侨"等笔名，寓意自己是越人。鲁迅的夫人许广平

1909 年，留学日本时的鲁迅。

3

小名叫许霞，为了寄情夫人，鲁迅取了"许霞""许遐"等笔名。

鲁迅还有许多笔名是用来表示自谦和自励的。如"小孩子""巴人"等。"巴人"取"下里巴人"之意，寓意自己是一个很普通、很一般的人。1903 年，鲁迅在日本留学时，在《浙江潮》上发表过两篇文章，用的笔名是"索士"和"索子"。这是屈原《离骚》名句"路漫漫其修远兮，吾将上下而求索"的节缩。"索士"是探索的战士，"索子"是"探索之子"的意思。鲁迅还用"何家干、干、家干"做过笔名，他在解释这几个笔名的含义时说："因为我旧日的笔名有时不能通用，便改题了何家干，有时也用干、家干，何取其普遍、又有谁家做的意思。"这几个笔名表达了鲁迅探索真理、奋斗进取的精神。"孺子""隼""翁隼""旅隼""遐观"，也是他用于自励的笔名。"孺子"是"俯首甘为孺子牛"的意思，"隼""翁隼""旅隼"是寓意自己要像搏击长空的隼那样勇猛战斗。许广平曾对鲁迅"旅隼"笔名做了如下解释："隼，急疾之鸟也，飞乃至天，喻士卒劲勇，能深攻入敌也。旅隼，和鲁迅音相似，或者从周音蜕变。隼性急疾，则又为先生自喻之意。"由此可知此笔名寓意之深。"遐观"则是往远处看的意思，喻要高瞻远瞩。

鲁迅的一百四十多个笔名，绝大多数是用来表示他不畏权势、不怕牺牲、勇于战斗的。这些笔名的取用方法，正如他的文章一样，嬉笑怒骂皆在其中，或深刻揭露，痛加鞭笞，或巧妙嘲讽，抗议回击。笔名"韦士繇"其谐音是"伪自由"，巧妙地揭露了当时封建专制的黑暗统治；笔名"敬一尊"是回敬一杯之意，即对敌人的进攻要给予坚决的回击；1930 年，国民党浙江省党部呈请当局通缉"堕落文人鲁迅"，鲁迅便针锋相对地起了笔名

"隋洛文""洛文"以示抗议和回击。"洛文"是"堕落文人"缩句"落文"的谐音，隋则是"堕"去了"土"字；在有人攻击他是"封建余孽"时，他便取了"封余""唐丰瑜""丰之瑜"笔名予以回击。"丰瑜"是"封余"的谐音；他还有个笔名叫"黄棘"，意思是黄帝子孙居住的地方仍布满荆棘，环境恶劣，斗争艰苦；笔名"天明""冬华"则寓意黑暗即将过去，光明就在前头。"冬华"是取"寒凝大地发春华"之意，表示鲁迅对革命充满必胜的信念。

鲁迅还有几个笔名是反映其生活的，用得也很有趣，且寓意深刻。如 20 世纪 30 年代，他住在上海被称为半租界的北四川路的亭子间，为此，他取了个"且介"的笔名。"且介"是"租界"两字各去一半而成，他还将他住的亭子间命名为"且介亭"，并以"且介亭"为名出了本杂文集。

鲁迅的这一百四十多个笔名，可以说是他一生战斗生活的缩影，人们通过它，可以看到鲁迅不畏强暴、敢于斗争、善于斗争的硬骨头精神，同时也能体会到他非凡艺术才华和魅力。

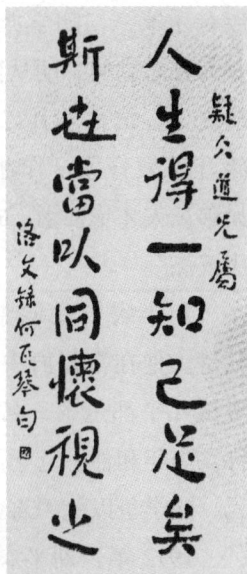

人生得一知己足矣
斯世当以同怀视之

疑仌道兄属
洛文录何瓦琴句

"疑仌"是瞿秋白的别名，"仌"是"冰"的古体字。这是鲁迅以"洛文"笔名题写、赠予瞿秋白的书联。

3. 趣谈刘半农的笔名

刘半农是我国著名的文学家、语言学家、教育家、五四新文化运动先驱之一。

刘半农原名刘寿彭，江苏江阴人。刘半农兄弟三人，其大弟刘天华是著名的民族音乐家，二胡学派的创始人，是他将不登大雅之堂的二胡从民间推向世界，有"二胡之父"之称。其二弟刘北茂是著名的民族音乐教育家、作曲家、民族音乐大师。兄弟三人才华横溢，成就非凡，被誉为"刘氏三杰"。

刘半农自幼聪慧，6岁就能作对联、咏诗。他在常州府中学学堂学习时，每次

刘半农是我国著名作家，他有个笔名叫"桐花芝豆馆主"，其含义十分有趣。

考试几乎都是第一名，被学校"列入最优等"，有"刘才子"之称。当年和他一起学习的钱穆晚年回忆说："不三月，寿彭连中三元，同学争以一识寿彭为荣。"

1912年，刘半农来到上海中华书局任编辑，业余时间从事写作，开始在《小说月报》《时事新报》《中华小说界》等杂志上发表译作和小说。当时为了迎合读者的口味，他为自己取了几个艳俗的笔名，如"伴侬""半侬""寒星"等，使用最多的是"伴侬"。他的作品很受欢迎，很快就在文坛上小有名气了。当时刘半农醉心于通俗小说创作，后来，一次偶然的机会，他看到了胡

适发表在《新青年》杂志上的《文学改良刍议》一文，颇为震动。从此，决心与旧文学决裂投向新文学。1918 年起，他开始向《新青年》投稿，表达自己文学改革的愿望。署名时，感到自己以前起的那种香艳媚俗的笔名太低俗了，甚至是可耻，尤其是"伴侬"这个笔名，就像女人向人讨好一样，于是，他决定将"伴侬"的偏旁去掉，将"伴侬"改为"半农"，以示与过去决裂。1918 年 1 月，他在《新青年》杂志发表《应用文之教授》时，正式署名"半农"。后来干脆用"半农"作为自己的名字。

刘半农投入文学改革后，对方言、歌谣产生了浓厚的兴趣，为了研究方言。他甚至突发奇想地要编一本用各地方言骂人的《骂人专辑》，为此，还在北京晨报上登了一则征集启事。结果是登门骂人的一个接一个。首先是周作人登门用绍兴土语将他骂了半个多时辰，出门时还连呼"痛快"。接着是赵元任，他分别用湖南、四川、安徽、山东等地的方言大骂，弄得刘半农哭笑不得。上课时，又被学生用两广、两湖的方言骂个不止。更绝的是，章太炎竟然引经据典，将汉代人骂人的话和唐代人骂人的话都用上了。最后，刘半农不得不重新刊登启事，声明骂人专辑素材已经足够，不要再骂了。

刘半农喜欢写打油诗，为此，还专门起了一个"桐花芝豆馆主"的笔名，他还用此笔名出了一本《桐花芝豆堂》诗集。刘半农的打油诗在当时广为流传，很受欢迎。胡适在刘半农去世后送的挽联中还写道："拼命精神，打油风趣，老朋友当中无人不念半农。"

对于刘半农为什么要起这么一个怪怪的笔名，刘半农说："桐子、花生、芝麻、大豆，皆打油原料也。"对于他这个喜欢写打油诗的作家，用打油的原料做笔名是再贴切不过的了。

刘半农在英国留学时，出于对祖国、对亲人的怀念写了一首充满情感的歌词《教我如何不想她》。后来，赵元任为其谱了曲，由于歌曲词意真挚，旋律优美，很快便传唱开了，成了当时的名曲。刘半农归国后，一次在赵元任家做客，两人正谈得高兴，一位与赵元任相熟的青年走了进来，赵元任忙向青年介绍说，这就是大名鼎鼎的《教我如何不想她》的作者，青年十分诧异地看着刘半农，不由自主地说道："原来是个老头啊！"

这事后来被传为笑谈，刘半农还专门写了首打油诗自我解嘲，诗中写道："教我如何不想她，请进门来喝杯茶，原来如此一老叟，教我如何再想她。"

这首歌中的"她"字也有故事。这个专指女性第三人称的"她"字是刘半农创造的。在这之前，汉字中指代第三人称的他是不分性别的，刘半农的创造结束了汉语中第三人称男女表达的混乱现象。这本是一件好事，可当初却遭到女性强烈的反对，他们认为，刘半农创造的这个"她"字是对女性的不尊重、将原来他字中的人字旁去掉是对女性的歧视与侮辱。为此，刘半农专门发文做解释，后来人们逐渐发现这个字的优点，认可的人越来越多了，连作家文豪也开始使用这个字了。1932 年，当时的教育部将"她"字正式纳入常用汉字中。

刘半农这一创造不仅在国内影响深远，在国际上也深受赞誉。2000 年，美国方言学会别出心裁地举行了一次世纪之词的评选活动，获得提名的词有自由、正义、自然、OK 等，最后进入总决赛的只有科学和她两个词，而"她"却以 35 票对 27 票战胜了"科学"，成为二十世纪最重要的词汇。

4. 柔石笔名的由来

柔石，浙江宁海县人，原名赵平福，后改名赵平复，近代作家，左联五烈士之一。

青年柔石照

柔石小时候家庭经济困难，靠父亲开的一个咸货店维持生活。柔石十岁才开始上学，但他学习刻苦努力，成绩很优秀。1918 年考入浙江省立第一师范学校，这期间，他在进步思想影响下，开始文学活动。1923 年毕业后，他曾在宁海等地任教，并开始文学创作。

1928 年，他经友人介绍，拜见了鲁迅，鲁迅对柔石的作品和人品很欣赏，很喜欢这个革命青年。柔石对鲁迅很敬仰，两人建立了深厚的感情。鲁迅推荐他做了《语丝》的编辑，并和他一起成立了"朝花社"，印行《朝花周刊》。鲁迅还经常把有关出版、送稿等事交给他办理，柔石成了鲁迅最信任的学生和助手。

在一次交谈中，鲁迅问起柔石名字的来历，柔石说，他出生在浙江宁海县城西方祠前，方祠是明朝初年方孝孺的祠，方孝孺因拒绝为武力篡权的朱棣起草即位诏书被诛灭十族。家乡人为了纪念他的刚正不阿，特为他建了祠庙。柔石说，他非常敬仰家乡这位刚正不阿的名儒，他少年时，常与同学游览方祠。在方祠旁有一座石板小桥，桥上题刻有"金桥柔石"四个字，写作时，他便将四字分为"金桥"和"柔石"做了笔名。小时候搞不清这四个字的含意，现在感到这是寓意为人处世应该刚柔并济，鲁迅听后点头称是。《易经》有"立地之道，曰柔与刚"，《老子》又有"守柔曰强"之说，意思是，只有柔中带刚、刚柔相济，才能永远立于不败之地。鲁迅称赞他这两个笔名起得好。

柔石在鲁迅的关心和帮助下进步很快。1930年左翼作家联盟成立时，柔石被选为执行委员和编辑部主任，正当柔石决心为革命努力奋斗时，却遭到反动派的杀害。1931年1月17日柔石被捕，2月7日被国民党反动派秘密枪杀于上海龙华，他身中十弹，壮烈牺牲，年仅29岁。

鲁迅得知柔石被杀害，深为震惊和悲痛。为了悼念柔石，他打破了从不为人写传记的习惯，写下了《柔石小传》。还特意写了一首《悼柔石诗》："惯于长夜过春时，挈妇将雏鬓有丝。梦里依稀慈母泪，城头变幻大王旗。忍看朋辈成新鬼，怒向刀丛觅小诗，吟罢低眉无写处，月光如水照缁衣。"

鲁迅始终不能忘怀这位革命青年，两年后，他又写了《为了忘却的记念》，倾吐对柔石等五位革命青年作家的深厚情感和思念。

5. 瞿秋白的笔名

瞿秋白，江苏常州人，无产阶级革命家，中国共产党早期领导人之一。原名懋淼，号熊伯，后借谐音改为"雄魄"。1899 年 1 月 29 日出生于常州城内青果巷八桂堂。生时头顶发际有两个旋涡形，俗称双顶，所以小名叫阿双，入学时学名叫瞿双，后改"双"为"霜"，有时也用"爽"，最后改为"秋白"，秋白也是"霜"的意思。瞿秋白曾吟过一首《咏菊》诗："今岁花开后，栽宜白玉盆；只缘秋色淡，无处觅霜痕。"诗中巧妙地嵌入

无产阶级革命家瞿秋白，既是政治家，又是文学家，其笔名有一百多个。

了"霜""秋白"三个字。秋白牺牲后，鲁迅冒着生命危险编辑的秋白著作《海上述林》，就是用"诸夏怀霜社"的名义出版的，意思是全中国人民都怀念秋白。

瞿秋白既是政治家，也是文学家，在他短暂的一生中，撰写了五百多万字的著作和译文，也使用过许多笔名。有的笔名，充分表现了他革命家的胸怀和激情。1925 年，五卅运动爆发时，上海商务印书馆办的《公理日报》，不敢大胆地揭露"五卅惨案"的真相，也不敢全面反映人民群众的反帝呼声。瞿秋白看后，对同事说："世界上哪有什么公理啊？！我们办个《热血日报》吧。"不久，《热血日报》创刊发行，瞿秋白任主编，这也是中国共产党创办的第一份日报。《热血日报》发行后，瞿秋白在上面接连

发表了二十多篇配合五卅运动的短文，这些文章分别署用了五个笔名："热""血""沸""腾""了"。这些笔名分散在各期各版，连缀起来，就是响亮的战斗呼声——"热血沸腾了"。瞿秋白还为自己取过一个"当豹韦元晖"的笔名，并刻了一枚"当豹韦元晖印"的印章，其谐音就是"党报委员会印"。

瞿秋白还用过一个"韦护"的笔名。韦护是韦陀菩萨的名字。相传韦陀菩萨最嫉恶如仇，只要看见人间不平就要下凡去惩罚坏人。瞿秋白取用这笔名，正体现了他决心为民除害、革命到底的崇高思想。

瞿秋白为人谦虚，认为自己做党的领导工作，力不胜任。他属狗，常以似狗耕田，勉为其难做比喻，为此，他还取了一个"犬耕"的笔名。

他还用过纪念前妻王剑红的笔名"王莫吉"，用过和续妻杨之华两人名字组成的"秋元白华"笔名。他还借用过宗教术语作笔名，如"维它"就是佛教中嫉恶如仇韦陀菩萨之名的谐音，并由"维它"衍化出"史维它""屈维它""维""它"等笔名。

另外，还有屈章、永阳、易嘉等许多内涵丰富、寓意深刻的笔名。有人统计过，瞿秋白在其短暂的一生中，竟使用过105个笔名。

1935年6月18日，瞿秋白在福建长汀被敌人杀害，年仅36岁。

6. 郭沫若有许多寓意深刻的笔名

郭沫若是我国杰出的文学家、诗人，一生创作了大量的脍炙人口的作品，有的已成为名闻中外的经典名著。他知识渊博，才华横溢，笔名自然也用得讲究，寓意深刻，其中最有影响的是"沫若"这个笔名。

郭沫若本名郭开贞，"沫若"的笔名是他 1919 年在上海《时事新报》副刊上发表《鹭鸶》诗时首次使用的，这个笔名寄寓了郭沫若对家乡山水的思念和热爱。"沫"即"沫水"，古河流名，即今日的大渡河；"若"即"若水"，也是古河流，即今日的雅砻江。这是流

郭沫若原名郭开贞，沫若是他的笔名，源于家乡的两条河流"沫水"和"若水"。

经郭沫若家乡的两条河。郭沫若少年时生长在家乡，对这两条养育他的大河很有感情，所以，起用笔名时，首先想到了它们。后来这个笔名一直伴随着他，并替代了他的本名。

1910 年在成都上中学的郭沫若，时年 18 岁。

郭沫若对母亲的感情很深厚，他很敬佩他的母亲，曾起用过两个纪念母亲的笔名。一个是"杜衎"，一个是"杜顽庶"。郭沫若的母亲姓杜，性格刚直，意志顽强。"衎"读"kàn"，刚直的意思，"杜衎"则

13

寓意他母亲是位性格刚直的人。"顽庶"意为顽强的普通人，寓意他母亲是位意志顽强、受人尊敬的老人。

郭沫若还起过一个"易坎人"的笔名。这个笔名起于1927年，这一年，郭沫若参加了南昌起义，起义失败后，他历经千难万险来到上海，隐居在窦乐安路的一个堂房中。11月底，他在这里接待了一对日本夫妇并留他们在这里过了一夜。他们是广州中山大学医学院院长杜毓泰及其夫人花子。当这对日本夫妇离开郭沫若家赴日本后大约十天，郭沫若突然开始头痛，发高烧达40℃，脸色发红而浮肿，他得了斑疹伤寒。发烧第三天，他被秘密送到一家日本医院医治。当时，治疗这种病没有特效药。郭沫若最终奇迹般地活了下来，但却落了个耳聋的后遗症。郭沫若有感于这次大难不死，于是给自己取了笔名叫"易坎人"。《易经·坎卦》说"于人也耳聋"，郭沫若取其中的"易""坎""人"，组合成"易坎人"，意含自己是一个耳聋的人。

郭沫若还曾用过几个外文译音名，如"爱牟""麦克昂"等。这两个音译名，是他处于白色恐怖时，为躲避敌人而使用的。

此外，郭沫若还用过谷人、龙子、高鸣、江耦、克拉克、羊易之等笔名，也都有深刻寓意。郭沫若还有几个很有趣的笔名：阿和乃古登志、藤子丈夫、汾阳主人、竹君主人，其含意尚不知晓。

7. 老舍笔名的由来

老舍是我国当代著名的小说家、剧作家。他 1899 年出生在北京，满族人，其满族姓是舒穆禄，后改汉字单姓舒。老舍本名舒庆春，因为出生在农历腊月二十三，离春节只有几天，父亲舒永寿为图吉利，给他起了这个名字。"庆春"，是庆贺春天到来的意思。

老舍自幼聪慧，又刻苦努力，学习成绩很优秀，后考入北京师范学校，这时他为自己取了一个别名叫"舒舍予"。这个名字起得很巧妙，是将其姓"舒"拆开组成"舍予"两个字。这两个字含有深刻的意义。"舍予"即"舍我"，就是放弃私心和个人利益的意思，也有奉献的含意。老舍的儿子舒乙 1986 年在《收获》杂志上发表的《父亲的最后两天》一文中谈到他父亲的名字时说："'舍予'是舍我的意思"，"他原以'舍

老舍当年送给夫人胡絜青的定情照。

予'作为自己的人生指南，把自己无私地奉献给这个多难的世界，愿它变得更美好一些，更合人意一些"。后来，他又在"舍予"的基础上起了一个笔名叫老舍。在重庆时，老舍的好朋友黄苗子还就这个笔名与老舍开过一个玩笑。他出了一个"'好施不倦'，打一作家名"的谜语让老舍猜。老舍笑着说："不对，这只能猜

15

'老捨'。"黄苗子说："这叫谐音兼'抛杖'格嘛。"这虽是一个玩笑，但"好施不倦"却概括了老舍的品格和精神。

老舍这个笔名是他在英国伦敦东方学院执教时，发表长篇小说《老张的哲学》时首先使用的。以后他又用这个笔名发表了《骆驼祥子》《四世同堂》《茶馆》《方珍珠》《龙须沟》等著名作品。随着作品的不断发表，老舍的名气也越来越大，名字也越来越为人熟悉。当时知道老舍原名叫舒庆春的很少，不少人以为老舍是姓老名舍，即使知道他原名的，也很少叫他舒庆春，总是以老舍称之。说到这里，还有一段笑话。

老舍结婚很晚，后在朋友的督促下，同北师大学生胡絜青相识并相恋。当时，老舍正在齐鲁大学任教，后来，他们利用暑假，在北京结了婚。当老舍携新婚妻子回到齐鲁大学校园里，一位教师向大家介绍老舍和胡絜青时，竟脱口而出："这位是老舍先生，这位是老太太。"当时在场的人为之一愣，怎么新娘子成了"老太太"？后一想，老舍的太太，称老太太没错。

老舍的作品，生活气息浓厚，反映问题深刻，语言生动幽默，很受人民欢迎，被誉为"人民艺术家"。老舍的作品在世界上也有很大影响，他的艺术才华为世界所公认。诺贝尔奖评奖委员会已准备授予他 1968 年度的诺贝尔文学奖，当时中国正处在"文化大革命"的混乱之中，瑞典皇家科学院和文学奖评议委员会委托瑞典驻中国大使馆的外交官打听老舍的情况，如果当时老舍健在，此奖就属于他了。遗憾的是，这位天才的"人民艺术家"却在 1966 年 8 月 23 日投湖自杀了。令人惊讶的是，他的死法竟和他 20 年前创作的《四世同堂》中所记述的祁天佑老人的死法惊人地相似。

8. 巴金自谈"巴金"笔名的来历

巴金是我国当代著名作家,1904 年 11 月 25 日出生在四川成都一个封建官宦家庭。

巴金原名李尧棠,字芾甘,典出于《诗经》的《召南·甘棠》诗句:"蔽芾甘棠,勿剪勿伐,召伯所茇。"诗句的意思是,这棵小小的棠梨树,人们不要去把它砍伐掉,这是召伯曾经休息过的地方。"芾甘"比喻巴金像小树一样能受人呵护,长大成才。

五四运动时,巴金开始接触新思想,积极参加学生运动,后去了法国。在法国巴黎,他开始小说《灭亡》的创作,1929 年,这部小说在叶圣陶主编的《小说月报》上连载,首次使用笔名巴金。小说在读者中引起强烈反响,巴金的名字也因此为人所关注。

对于"巴金"这一笔名的来历,曾有人认为是取自无政府主义者巴枯宁和克鲁泡特金两人名字的首尾两字,并因此说巴金是老牌的无政府主义者,其实这是没有根据的。1958 年巴金在《谈〈灭亡〉》一文中,就其笔名巴金的来历做了如下说明:"1927 年在法国时,我因为身体不好,听从医生的劝告,

巴金原名李尧棠,"巴金"是他 1929 年开始使用的笔名。这个笔名是为了纪念他在法国留学时的一个同学。

又得到一位学哲学的安徽朋友的介绍，到玛伦河畔的小城沙多一吉里去休养，顺便在沙城中学学法文。在这个地方我认识了几个中国朋友，其中有一个姓巴名叫恩波的北方同学，跟我相处不到一个月，就到巴黎去了。第二年听说他在项热投水自杀，我和他不熟，但是他自杀的消息使我痛苦。我笔名中的'巴'字，就是因他联想起来的。'金'字则是学哲学的安徽朋友替我起的。那时候我刚译完克鲁泡特金的《伦理学》的前半部不多久，这部书的英译本还放在我的书桌上，他听说我要找个容易记住的字，便半开玩笑地说出了'金'字。"这就是巴金这个笔名的真正来历。

巴金用这个笔名创作了大量的蜚声中外的优秀文学作品，尤其是他的代表作《家》《春》《秋》，更是受人推崇，成为经典名著。

巴金除使用巴金这一笔名外，还使用过"P·K""余一""比金"等笔名。这些笔名大都由"巴金"演化而来。"P·K"是巴金二字英文拼写的第一个字母。"余一"是"金"字分解成的两个字，由"余一"又产生了"余三""余五""余七"等几个笔名。"比金"则是"巴金"的谐音，这是 1934 年，巴金在《文字》新年号上发表《新年试笔》一文时，由于国民党当局查禁进步书刊，不准巴金的名字见报，于是便改用了"比金"这一笔名。

在众多的笔名中，巴金使用最多的还是"巴金"这个笔名。

9. 茅盾最初的笔名是"矛盾"

中国当代文学巨匠茅盾，1896
年出生在浙江省桐乡县乌镇。父亲
沈永锡是一位富有爱国热情的知识
分子，母亲陈爱珠是当地名医陈我
如的独生女，很有文学修养。茅盾
从小聪颖好学，加上良好的家庭教
育，使他打下了深厚的文学根底。
他酷爱《红楼梦》，达到了能背诵
全书的地步，他的文坛好友郑振铎、
夏尊、周予同等曾专门在酒桌上考

茅盾原名沈德鸿，"茅盾"这
个笔名是叶圣陶为他确定的。

验过他，随意点了一个回目，茅盾当即背诵，一字不差。

茅盾原名沈德鸿，字雁冰。"雁冰"取意于"鸿雁来宾"之
说，本是"雁宾"二字，后改为"雁冰"。

茅盾是中国共产党最早的党员之一，1921年陈独秀在上海成
立共产主义小组时，他就参加了。中国共产党成立后，他曾担任
直属中央的联络员。国共第一次合作时，他以共产党员的身份，
担任国民党中央宣传部秘书，出任过董必武任社长的《民国日报》
主笔，积极从事革命思想宣传。1927年四·一二政变之后，他受
到国民党政府通缉，被迫转入地下。

1927年8月，茅盾陪妻子到上海养病。这期间，他回忆了五
四运动以来革命从高潮到失败的经历，回忆了复杂而严酷的斗争

情景，为他的小说创作提供了素材。这年的 9 月茅盾开始他中篇小说《蚀》的创作。《幻灭》《动摇》《追求》为《蚀》的三部曲。当他完成《幻灭》的写作要发表时，考虑到当时自己正被敌人通缉，不能再署真名沈雁冰，于是便用了"茅盾"这一笔名。

新中国成立后，他在《写在〈蚀〉的新版的后面》一文中详细说明了他取茅盾笔名的过程："《幻灭》写成后，那时候只有《小说月报》还愿意发表，叶圣陶先生代理着这个刊物的编辑。可是，在那时候，我是被蒋介石政府通缉的人，我的真名如果出现在《小说月报》，将给叶先生招来麻烦，而且《小说月报》的老板商务印书馆也不会允许的；为了能够发表，我不得不用了这个笔名，当时我随手写了'矛盾'二字，但在发表时却变为'茅盾'了。这是因为叶先生认为'矛盾'二字显然是个伪名，怕引起注意，仍然会惹麻烦，于是代我在'矛'字上加上草头，成了'茅'字。百家姓中大概有此一姓，可以蒙混过去。"

至于为什么要选"矛盾"作笔名，茅盾也有详细说明："为什么我取'矛盾'二字为名，好像是随手拈来，然而也不尽然。'五四'以后，我接触的人和事一天一天多而且复杂，同时也逐渐理解到那时渐成为流行语的'矛盾'一词的实际；1927 年上半年我在武汉又经历了较前更深更广的生活，不但看到了更多的革命与反革命的矛盾，也看到了革命阵营内部的矛盾，尤其清楚地认识到小资产阶级知识分子在这大变动时代的矛盾，而且，自然也不会不看到我自己生活上、思想中也有很大的矛盾，甚至言行也有矛盾，却又总以为自己没有矛盾，常常侃侃而谈，教训别人——我对这样的人就不大能够理解，也有点觉得这也是'掩耳盗铃'之一种表现。大概是带点讽刺别人也嘲笑自己的文人积习罢，于是我取了'矛盾'二字作为笔名。"

茅盾正是在这种错综复杂，同时又是严峻残酷的矛盾中考验和磨炼了自己，逐渐成长为意志坚强的革命者，并从中积累了丰富的生活素材，写就了数量可观的文学作品，成为受人敬仰的一代文学巨匠。

新中国成立后，茅盾历任中国文联副主席、中国作协主席、文化部部长、全国政协副主席等职。1981 年茅盾在北京去世。

10. 冰心，一颗献给孩子的心

对孩子有着一颗晶莹透亮爱心的著名儿童文学作家冰心。

冰心是我国当代著名女作家，她于1900年10月5日出生在福建省福州市隆普营谢家大院，1999年病逝，享年99岁。冰心在长达80年的创作生活中，以其生花妙笔写下了大量脍炙人口的优秀文学作品，创造了我国文坛上的一个奇迹。

冰心出生时，正值其家院中的三蒂莲花盛开。她的祖父高兴地说："今年第一次开三蒂莲花，我们谢家添了第三个女孩子，正好应了花瑞。"祖父遂给她起了个名字叫谢婉莹。

谢婉莹的父亲谢葆璋是一名海军军官，曾参加过甲午中日战争，后奉命去烟台创办烟台海军学校。谢葆璋非常疼爱女儿，常常给她穿上男孩的衣裳，带她到海边看大海，还教她骑马射击，并得意地对人说："这是我的儿子，也是我的女儿。"

谢婉莹自幼聪慧，性格开朗，活泼可爱。上学时，她成绩突出，尤其是作文写得更好，同学都喜欢她，还给她起了一个亲昵的绰号"小碗儿"。谢婉莹在老师的眼中，是一位出类拔萃的学生。她在福州女子师范学校学习时，老师曾用"雷霆震睿，冰雪聪明""柳州（柳宗元）风骨，长吉（李贺）清才"赞誉她。

冰心是她的笔名。这个笔名是她1919年创作第一篇短篇小

青年时的冰心美丽
端庄。

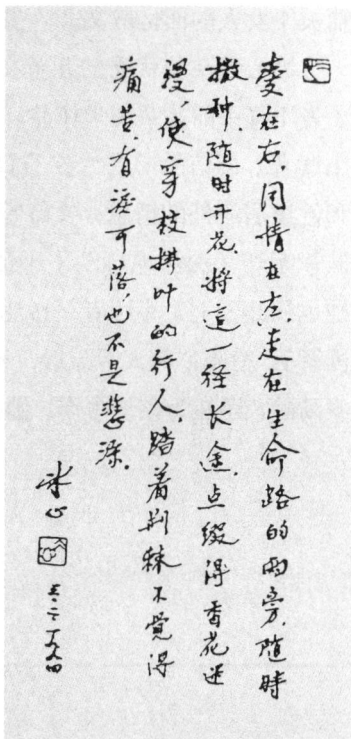

这是署有冰心笔名的墨迹。

说《两个家庭》时第一次使用的。那时，她还有点胆怯，怕同学和熟人笑话，不敢署真名，于是，便根据"莹"字光亮透明的蕴意，取了个"冰心"的笔名。没想到，这第一篇作品不仅顺利得以发表，还受到了赞誉。这使她感到高兴和振奋。于是，她接着又用这一笔名发表了一些作品，有小说、诗歌，也有散文，而且都获得成功。冰心的笔名也由此享誉文坛。后来，她自己谈到这一笔名时说："一来是因为冰心两个字笔画简单好写，而且是'莹'字的含意。二来是我胆太小，怕人家说话批评，冰心这两个字是新的，人家看到的时候，不会想到这两个字和谢婉莹有什么关系。"

她除了用"冰心"这个笔名外，还用过一个男性化的笔名"男士"。这可能是她回忆起了她小时候父亲常带她去海边，教她骑马、打枪、穿男孩衣服的情景。她用"男士"这个笔名写了 16

篇关于女人的回忆散文。

冰心是一位优秀的儿童文学作家。她一生写了大量的、让孩子爱不释手的儿童文学作品。她从 1923 年留学美国时，便以《寄小读者》书信的形式为孩子们写作，介绍她在国外的见闻、趣事和她留居海外的情思，文章写得生动活泼、文字流畅清新、感情诚挚亲切，深深地打动了小读者。她成了孩子们最喜爱的作家，她也从此爱上了小读者。1958 年她访问欧洲时，又写了《再寄小读者》，粉碎"四人帮"后，她又发表了《三寄小读者》。直到 80 岁高龄，还在为孩子写作，她把一颗晶莹透亮的爱心献给了孩子。

11. 谈夏衍的几个笔名

夏衍是我国著名剧作家、翻译家，生于 1900 年，浙江杭州人，早年曾留学日本，经孙中山介绍加入了中国国民党，后从事工人运动及翻译工作，是左联的发起筹建人之一。他的剧作具有鲜明的艺术个性，其代表作《上海屋檐下》《法西斯细菌》《芳草天涯》发表时，曾轰动一时，他也因此被誉为是继曹禺之后最有影响的剧作家。

夏衍原名沈乃熙，又名沈端先。夏衍是他的笔名，这个笔名是他为纪念父亲而起用的。他的父亲是一位善良正直的学者，一生郁郁不得志，夏衍非常尊重和同情父亲。父亲名叫沈学诗，字雅言。当地方言，"雅"与"夏"谐音，而"言"又与"衍"谐音。这样"夏衍"便成了"雅言"的谐音。夏衍用此方法表达他对父亲的尊崇。

夏衍作为一名著名剧作家，一生用过的笔名多达 120 多个，其中许多很有来历。

夏衍有一个很有趣的笔名叫"王老吉"。"王老吉"本是广东一个凉茶馆的名字，很有名气，茶馆的生意很好，

夏衍原名沈乃熙，"夏衍"这个笔名是他为纪念父亲而起的。这是他在新加坡时的一张照片。

来这里喝茶的人很多。夏衍为什么采取这样一个笔名呢？原来，当时的《群众》周刊因是一个理论刊物，文章多写得很长，内容也单调，不够活泼。于是，主编章汉夫决定在《群众》周刊上开辟一个《茶亭杂话》专栏，要夏衍每期写几篇介乎杂文与政论文之间的随笔。夏衍想，既然专栏是《茶亭杂话》，于是就选了一个有名气的茶馆名作了笔名，既有情趣，又很贴切、吸引人。这个专栏办起来之后，由于夏衍的文章写得生动深刻，又有一个吸引人的笔名，读者果然多起来，发行量迅速增加。

夏衍还有一个笔名叫孙光瑞。1929年，夏衍翻译了高尔基的《母亲》，以沈端先的名字出版发行，很受欢迎。但当时反动政府对进步作家及其作品查禁得很严，《母亲》译文只印了一版就被查禁了。著名作家、教育家夏丏尊得知后，很气愤，他建议夏衍将《母亲》篇名改为《母》，将自己的名字由沈端先改为孙光瑞，送另一出版社出版。夏丏尊说："沈"与"孙"声似，"端先"与"光瑞"形似。夏衍认为很好，便按其建议作了变动，结果，译稿又得以出版，而夏衍又多了一个孙光瑞的笔名。

20世纪40年代初，夏衍在香港《华商报》任职时还取过几个笔名，来历很有趣。有一天，他偶然见到一副对联："凤游云海，鱼跃江天"，认为写得很好，便灵机一动，用其谐音取了4个笔名：冯由、恽海、余约、姜添，恽海有时也直接写为云海，余约又衍化出余伯约。

新中国成立之后，夏衍历任上海市文化局局长、中共上海市委宣传部部长、中国文联副主席等职，1995年因病去世，享年95岁。

12. 趣话田汉之名

中华人民共和国国歌《义勇军进行曲》的词作者田汉，是我国著名的剧作家、诗人，同时也是我国戏曲改革的先驱。他从五四运动开始就投身反帝反封建的新文化运动，一生创作了大量鼓舞人民斗志的话剧、电影、戏曲、歌剧。他因宣传革命，曾被国民党逮捕，坐过监狱，《义勇军进行曲》的歌词就是他在监狱中写的。1947年郭沫若在为田汉祝寿时，曾题诗赞誉他："威武不屈，贫贱难移。人民之所爱戴，魑魅之所畏葸。"

田汉原名田寿昌，1898年出生于湖南长沙东乡一个贫苦家庭。13岁时，考入徐特立创办的长沙师范。在这里，他刻苦学习，广泛阅读各类书籍，打下了扎实的文化基础，也受到革命思想的影响。从长沙师范毕业后，他留学日本。回国后，与郭沫若等一起组织创造社，后在上海创办南国艺术学院、南国社，主编《南国月刊》，积极进行话剧创作和演出。

田汉原名田寿昌，他以田汉为名是寓意自己永远做一名与广大劳苦大众生活在一起的普通劳动者。

"田汉"的名字始于20世纪20年代。当时，他常以"汉"字作笔名在《南国月刊》上发表文章，其意是立志做一个堂堂正正的男子汉。后来，他又将"汉"与姓连在一起，取名"田汉"，寓意做一名普通的劳动者，永远和普通民众在一起。这个名字通俗上口，好听好记，时间一长，便取代了他的原名。

人们尊敬田汉，也喜欢他这个名字。

1929 年春，田汉应教育家陶行知邀请，率南国社到晓庄师范演出。演出前，陶行知致欢迎辞时，就风趣地运用了他的名字。陶行知说："今天，我是以'田汉'的资格欢迎田汉。晓庄师范是为农民办的学校，农民是晓庄师范师生的好朋友。所以我以一个'种田汉'代表的资格，在这儿欢迎田汉。"田汉的答辞同样风趣："我是一个'假田汉'，能受到陶先生这个'真田汉'以及在座的许多'真田汉'的欢迎，实在感到荣幸！我们一定要向'真田汉'学习！"两人的讲话受到在座师生的热烈欢迎，现场掌声雷动。

还有一件趣事发生在 1983 年。那一年中国古文字学研讨会在香港举行，参加会议的学者中有两个叫高明的，而且同分在一组。这两人，一位来自台湾，一位来自北京。面对这样的巧合，来自美国的学者周策纵出了一副上联："高明问高明，高明不高明？高明答高明：高明、高明！"法国《欧洲时报》的黎翁先生想到了当年发生在晓庄师范欢迎仪式上陶行知和田汉的讲话，马上续了一段下联："田汉语田汉，田汉非田汉。田汉学田汉，田汉，田汉！"与会学者无不称赞这副对联，上联出得巧，下联对得妙。

田汉一生追求真理，不怕牺牲，服务于革命，人如其名，是一位扎根于普通民众的铮铮汉子。但这位铮铮汉子却在"文化大革命"中遭到迫害，于 1968 年 12 月 10 日去世。1979 年 4 月为其彻底平反举行追悼会时，空骨灰盒里放的是一本精装话剧本《关汉卿》、一张《义勇军进行曲》唱片、一副眼镜和一支自来水笔。

13．趣谈赵树理的笔名

赵树理，现代著名小说家，其小说多以华北农村为背景，具有新鲜朴素的民族形式，生动活泼的群众语言，清新浓郁的乡土气息，形成了一个俗称"山药蛋派"的文学流派。赵树理是我国现当代文学史上别具风格的人民艺术家，被誉为我国当代的语言大师和描写农村生活的"铁笔"和"圣手"。

赵树理原名赵树礼，1930 年以前他一直使用原名，后来，读了一些马列著作，又受到新文学的影响，思想有了很大转变，便将"礼"改为"理"了。1932 年，他给史纪言等人写过一封信，署名就是一个"理"字。后来，他还将"理"字分解成"王甲土"作了笔名。

赵树理一生用过很多笔名，有人曾做过考证，能收集到的就有 84 个。赵树理的笔名也像他的作品风格一样，大众化，风趣幽默，甚至有些俏皮。

赵树理最早使用的笔名是"野小"。那是 1931 年他在《北京晨报》副刊《北晨艺圃》发表《打卦歌》时使用的。关于这个笔名，赵树理说，他父亲是乡野

赵树理是一位别具风格的人民艺术家，他的许多笔名都很有趣。

农夫，是"野大"，他是农民的儿子，所以叫"野小"。这个笔名与他的身份相符，也具有大胆创新的野味。

赵树理在太行新华书店工作时，住在太行山上的小村里，在那里，赵树理白天到群众中去工作、去生活，晚上就在窑洞的炕头点一盏小油灯进行写作，直到深更半夜。冬天的太行山很冷，晚上更冷，有时，赵树理冻得不行，就下炕在窑洞里来回走动，搓着手，跺着脚，嘴里不停地喊："冷哉！冷哉！"后来他就把"冷哉"做了笔名，有人说，这个笔名是冻出来的。在太行山，赵树理不光冻出了"冷哉"这个笔名，还冻出了几个更有趣的笔名。在炕上睡觉，被子是单位统一发的，每人一条，尺寸相同，赵树理个子高，盖住头露了脚，赵树理风趣地说，这像个"甲"字，盖住脚露了头，像个"由"字，头脚都露就是一个"申"字，赵树理自觉有趣，于是将三个字合起来，为自己取了一个"申甲由"的笔名。为了解决"申甲由"的问题，赵树理不得不曲腿而眠，对此，赵树理又打趣地说，曲腿睡觉的核心是一个"团"字，因而当了"团长"，但往往熟睡之后，"团长"一不小心就伸伸腿，结果又变成"甲长"而冻了脚，后来，他干脆将被子下端用绳子扎紧，确保"团长"不变"甲长"。

赵树理在主编小报《中国人》副刊《大家看》时，由于人手短缺，他集编辑、校对、美工、排版于一身，非常繁忙，对于他自己发表在副刊上文章的署名，常常是在他排版时，临时脑子一动，从排字架上取下两个或三个字拼成一个笔名就发表了。这些随机起的笔名，后来他大都忘却了，只有一个没忘记，那就是"胡启明"，谐音"胡起名"。赵树理后来谈起此事时，自己也觉得很有趣，说忙的时候，真的没时间考虑用什么笔名好，都是文章写好了，要发表时随便胡起一个便使用上了，有时胡起都来不及，干脆用"无署名""未署名"代替了。

14. 艾芜笔名的由来

艾芜，中国著名作家。1904 年出生于四川新繁县清流场的一个教师家庭。

1925 年，艾芜因反抗旧式婚姻，远离家乡，开始长达 6 年的漂泊生活。这期间，他到过云南边疆、缅甸和马来西亚等地，过着颠沛流离的生活，曾做过小客店里扫马粪的伙计，做过家庭教师、报纸编辑，曾两次病倒，差点死去。他在缅甸仰光病倒街头时，幸亏被万慧法师发现，将他收留，才活了下来。1931

艾芜画像

年，他因同情缅甸的农民暴动，被英殖民当局驱逐而回国。

艾芜热爱文学，勤于写作，他在流浪漂泊时，一路上总是带着书、纸、笔和一瓶用细麻吊在脖子上的墨水，一路走，一路写，他也因此有了"脖子上挂着墨水瓶的作家"的称号。

艾芜在漂泊时，与当地最下层的人，如赶马的、抬滑竿的、鸦片私贩，甚至偷马贼，朝夕相处，这也为他日后写作提供了珍贵的素材。他早年的作品大都是反映西南边疆和缅甸等地下层人民的苦难及其自发的反抗斗争。其带有神秘气氛的边疆生活和人物，以及特有的绮丽地方色彩，使他的作品具有鲜明的抒情风格和浪漫情调。其作品深受人们喜爱，不仅在国内广为传诵，也深受国外读者的欢迎，被译为英、俄、日、法、德、朝鲜等多国文字。

艾芜原名汤道耕，这是他饱读诗书的祖父给他起的，取意"文以载道"，希望他能耕读传家。

艾芜开始写作时，受胡适"人要爱大我（社会），也要爱小我（自己）"的主张的影响，为自己取了一个"爱吾"的笔名，有时也用"汤爱吾"，后来认为"爱吾"容易引起只爱自己的误会。经过认真思考之后，他将"爱吾"改为"艾芜"，他认为，"艾芜"与"爱吾"谐音，而"艾"含整理去除之意，"艾芜"则有芟除芜草，即清除杂草之意，又与他本名汤道耕的"耕"字相联系，另外，他平时很喜欢侠义小说《七侠五义》中的抑强扶弱、见义勇为的艾虎，而"艾虎"与"艾芜"也谐音，所以，他认为这个笔名很有意义，他的作品大都是用这个笔名发表的。他最早使用"艾芜"这个笔名是 1925 年在文艺刊物《云波》发表抒情新诗《流星》时，他在仰光做报纸副刊编辑时，曾在《仰光日报》副刊上发表过二十多篇小说、散文，用的都是"艾芜"这个笔名。

15. 充满激情的柳亚子笔名

柳亚子是我国著名的诗人，一生用过许多笔名，他的笔名大都充满革命激情，表现出对自由光明的执着追求和为革命冲锋陷阵的斗争精神。

柳亚子原名柳慰高，16 岁时，因崇拜法国资产阶级启蒙思想家卢梭，并受其经典著作《民约论》的影响而改名人权，取字亚卢，寓意自己要为人权而奋斗，要做

柳亚子是我国著名的爱国诗人、学者。原名柳慰高，他曾多次改名，其名和号都有典出，并富有深刻含义。

亚洲的卢梭，并将"人权"和"亚卢"作为笔名。1903 年，柳亚子以"亚卢"为笔名，在日本出版的《江苏》杂志上发表了他的《郑成功传》，发表时，编者特意加了按语："此稿由国中寄来，作者年才 16 岁，内地人士民族思想之发达，于此可见一斑。"此后，他在《江苏》杂志上发表的文章均以"亚卢"为笔名。

一次，柳亚子和金松岑、邹容相聚，金松岑在他的折扇扇面上画了一名威武的吹军号的壮士，邹容在折扇的另一面用篆书写下了"中国少年之少年"之句，当时保皇派梁启超自称"少年中国之少年"，邹容反过来使用，变得更有活力，更为激进。柳亚子非常喜欢，在后来与梁启超等保皇派的斗争中多次以此为笔名发表文章。

33

柳亚子还为自己起过一个"侠少年"的笔名，柳亚子年轻时崇尚游侠思想，认为搞暗杀扩大影响，可促使人们觉醒，为此，他早年还到上海学习实用化学，目的是想自制炸弹搞暗杀，"侠少年"的笔名也是由此而起的。1905年，他在《醒狮》上发表的《母大虫》和《劳动狱》两篇小说，用的就是"侠少年"这个笔名。

柳亚子最喜欢的笔名是柳弃疾，柳亚子非常敬仰南宋爱国词人辛弃疾。辛弃疾的民族气节、忧国忧民的情怀、为收复失地统一祖国的战斗精神和他充满激情、豪迈奔放的词都为柳亚子所钦佩。他决心做一个像辛弃疾一样的爱国者。为此，他起了一系列与辛弃疾有关的笔名："弃疾""弃疾子""稼轩""青兕""柳弃疾"。"稼轩"是辛弃疾的号，"青兕"是辛弃疾的别号，关于这个别号的来历还有一段故事：辛弃疾跟随耿京起兵抗金时，遇到义端和尚窃取耿京大印叛逃金帮一事。辛弃疾向耿京表示，愿立下军令状，三日内将大印追回，结果，辛弃疾迅速追上并捕获了义端和尚。义端和尚对辛弃疾说："我识君真相，乃青兕也，力能杀人，幸勿杀我。"辛弃疾没有放过他，杀之夺回大印。从此，"青兕"成了辛弃疾的别号。青兕本指凶猛的犀牛，善于冲锋陷阵，柳亚子用其为笔名，正是表达他要像犀牛一样勇猛向前投身到革命斗争中去。

柳亚子还用过一个"愤民"的笔名，他曾用这个笔名发表过《论道德》和《非礼教》等文章。他用这个笔名的寓意是，他要以天下为己任，揭露社会的腐朽黑暗，为大众鸣不平，为人民的自由平等呐喊，疾呼，唤醒人民与他一起战斗。

16.邓拓"马南邨"笔名的由来

邓拓是我国当代杰出的新闻工作者、政论家。

邓拓从小酷爱文学艺术，18岁参加左翼社会科学家联盟，同年参加中国共产党，历任中共晋察冀中央局宣传部副部长、《晋察冀日报》社社长兼总编辑等职。新中国成立后，历任《人民日报》社社长兼总编辑、全国新闻工作者协会主席等职，为中国的新闻工作做出了重大贡

在《晋察冀日报》当社长时的邓拓

献。"文革"中受到迫害，身心受到极大摧残。1966年5月18日含冤去世。1979年2月得到平反昭雪，恢复名誉。

邓拓一生从事新闻宣传工作，写过大量文章，也用过许多笔名，其中最富有纪念意义的是"马南邨"这个笔名。

邓拓1930年参加中国共产党后，积极参加党的地下活动，曾先后两次被捕。1937年，邓拓受党的委派，来到抗日敌后根据地五台山主办《晋察冀日报》。报社社址设在五台山慧海庵，边区扩大后，报社东移到河北阜平，印刷厂设在四面环山的马兰村，编辑部也曾设在这里。邓拓来到马兰村，和村民建立了深厚的感情。他看到村民几乎都是文盲，就在村里办起夜校，有时自己亲

自去给村民上课，教他们识字读书。平时他一有空就到村民家去
访问聊天，帮助村民排忧解难。村里谁家的女儿出嫁，他就和饲
养员一起，将聂荣臻司令员送给他的马牵去，帮新娘骑上，送到
新郎家。邓拓深深爱上了马兰村，爱上了马兰村的村民，马兰村
的村民也同样爱上了邓拓，和邓拓心连心，不惜以生命保护邓拓
和报社。1943 年秋，日军发动"扫荡"，抓了马兰村 40 多人，逼
他们说出报社机器的埋藏地点，敌人用刺刀将他们戳得血淋淋的，
但没有一个人说话，日军一连杀了 17 个人，还把为报社提供住
房的白姓人家几代的祖坟挖了，就这样，也没有一个人屈服，邓
拓非常感动。敌人走后，邓拓率报社的同志回到马兰村，立即召
开群众大会，对村民表示感谢，并给牺牲的老乡家人送去了米面
进行慰问。从那以后，马兰村的村民和邓拓的感情更加深厚了，
新中国成立后，马兰村的村民还派当年报社房东的儿子白玉玺来
北京找过邓拓。邓拓见到白玉玺，非常高兴，热情地接待了他，
亲切地叙说当年的友情。

正是这种血肉相连的关系，使邓拓对马兰村情有独钟，难以
忘怀，所以，当他为《北京日报》写《燕山夜话》时，便为自己
取了一个纪念这段友情的笔名"马南邨"，还专门刻了一枚"马
南邨人"的印章，为女儿邓小岚刻了一枚"马兰后人"的印章。

17. 萧乾的姓名和笔名

萧乾是我国著名的文学家、翻译家、记者。第二次世界大战时，他作为随军记者，曾采访过波茨坦会议和联合国成立大会。苏联红军攻克柏林后，他是第一批进入柏林采访的记者，也是唯一参加西欧战场全过程采访的中国记者。他所写的战地新闻，风格独特，脍炙人口，很有影响。萧乾一生笔耕不辍，创作了许多深受人们喜爱的优秀文学作品，也翻译了大量的世界名篇名著。

萧乾是唯一在加西欧战场全过程采访的中国记者。这是他作为战地记者时的一张留影。

萧乾 1910 年出生在北京一个蒙古族平民家庭。6 岁上私塾时取名曾路，11 岁进崇实小学时改名萧秉乾。

16 岁时，萧乾做了北新书局的练习生，担负校对工作。当时著名作家鲁迅、刘半农、冰心、钱玄同等的作品和刊物都曾在这里印过。萧乾就曾校对过鲁迅的《野草》及其主编的《语丝》。有时他还负责给作家们送稿费。这样，使他有了和这些著名作家接触和学习的机会。那时，萧乾很瘦弱，为人机灵，大家都很喜欢他。他的名字萧秉乾的"乾"字也读"干"，于是有人就借用谐音亲切地叫他"小饼干"。半个多世纪后，冰心已是九十多岁的老人了，见到萧乾时还风趣地叫他"小饼干"。

萧乾还有一个化名叫萧若萍。那是因他"闹学潮"，被国民党市党部列入了黑名单而被迫离开北京的时候起的，意思是像浮萍一样在外漂泊。后来，他重新回到北京，又将名字改了回来，但改时，去掉了中间的"秉"字，只取"萧乾"两字。

萧乾还曾使用过两个洋笔名，一个是"P. C. 罗伯特"，一个是"塔塔木林"。

"P. C. 罗伯特"是他在辅仁大学英语系学习时，与一位美国朋友合编英文周报《中国简报》时使用的笔名。"P. C."是"秉乾"的英文缩写，"罗伯特"则是他四堂嫂的洋名，是他借来使用的。当时，他用这个笔名写了不少向国外介绍鲁迅、郁达夫、茅盾等中国著名作家的文章。因使用的是洋名，又是用英文写稿，所以，当时人们都以为这些文章是外国人写的，有一次，他写了一篇《茅盾小传》，没有署名，国内学者杨昌溪便认为这是西方学者写的，于是，他引用文中的观点，写了一篇《西人眼中的茅盾》。直到 60 年后，萧乾说出真相，人们才知，这位所谓的"西人"就是萧乾。

"塔塔木林"是他在上海《大公报》上发表文章时使用的笔名。这个洋笔名同样也迷惑了不少人。有一次，萧乾用这个笔名写了一篇《中国舞台的歧途》，著名戏剧家田汉也认为这是西方学者写的评论，并为此写了一篇文章阐述自己的见解。对于为何使用这个洋笔名，萧乾曾说："其实，我只不过是在借用一副陌生的面具，说点当时想说而又不敢说的话。"

萧乾一生虽用过许多笔名，但最有影响的还是萧乾这个名字。这个名字，随着他的作品传向了世界各地。

18. 愤怒中得来的笔名

艾青是我国诗坛享有盛誉的诗人。1990年，艾青八十大寿时，诗人刘章曾写了一首嵌名诗，称赞他是中国的诗豪："艾青初萌三月天，青青芳草满人间。诗家自有学春笔，豪气凝成珠玉篇。"将此诗每句的第一个字连起来便是"艾青诗豪"。

著名诗人艾青的笔名是在愤怒之中得来的。

艾青原名蒋海澄，1910年出生于浙江金华一个地主家庭。母亲生他时难产，为此家人找来一个算卦先生为他测卦，结果说他"克父母"。家里人害怕，于是便把他送到一户农民家寄养，并不准他叫父母为爸爸妈妈，而是改叫叔叔婶婶。这一特殊经历倒使艾青从小有了生活体验，为他后来的创作创造了条件。

艾青开始是学习绘画的。18岁时，他考入杭州国立西湖艺术院学习绘画，后去法国学画。艾青的名字就是他在法国一次住宿时于气愤之中临时起的。

他在法国留学时，正是国内"九一八"事变发生后，日本大举入侵中国之时，当时的法国当局受日本影响，也对中国留法学生采取歧视的态度。一次，艾青投宿一家旅馆，对方一听是"蒋海澄"，误听成是"蒋介石"（法语"蒋介石"和"蒋海澄"读音相近），马上嚷嚷起来，不愿给登记。艾青进行解释，对方也不听，他一气之下，就在"蒋"字的草字头下面打了一个"×"，这一来，"蒋"字成了"艾"字。他灵机一动，便以"艾"为姓给自己起了一个新名"艾青"填在登记本上。青，取之海澄，海澄而青，他爱大海之"青"，又因"澄"在其家乡口语中与"青"音相似，所以，"艾青"之名虽是在气愤之中临时起的，但却起得既有意义，又很贴切。

用艾青作为笔名，是他回国之后，因组织画会活动被国民党逮捕，在狱中写《大堰河——我的保姆》时首次使用的，当时是为避免监狱方面注意。此后，他便正式使用了这个笔名，并以此名闻名诗坛。

艾青从美术转向诗歌文学创作，是从他 1935 年 10 月出狱后正式开始的。他初在武汉参与发起成立"中华全国文艺界抗敌协会"，进行抗日宣传，后在周恩来帮助下到了延安，在延安曾任陕甘宁边区政府参议员、延安《诗刊》主编。新中国成立后，艾青历任《人民文学》主编、中国作协副主席等职。1957 年"反右"斗争中他被划为"右派"，先是到东北一林场，后到了新疆生产建设兵团进行思想改造。在新疆生产建设兵团，艾青得到王震的关心和照顾。

1978 年，得到平反后的艾青重新登上诗坛，这时他已是 68 岁高龄的老人，但他仍充满诗人的活力和激情，用他那支写过无数战斗诗篇的笔谱写新的战歌，热情地讴歌他那终生爱之深切的祖国和人民。

19. 许地山的落花生精神

许地山是我国现代著名小说家、散文家，1893 年出生在台湾台南府。父亲许南英是台湾著名爱国诗人，进士出身，做过官，在台湾名气很大。甲午中日战争后，台湾被清政府割让给日本，许南英率全家搬回大陆，回到原籍福建龙溪县，即今漳州市。

许南英为儿子取名赞堃，因儿子出生在丑时，故还给他取了个乳名叫叔丑。许南英平时非常仰慕被誉为"宋四家"之一的宋代著名诗人、书法家黄庭坚。黄庭坚别号山谷，于是，许南英又为儿子取了个号叫"地山"。

许地山是我国著名小说家、散文家，其笔名为落华生，即落花生。他还有一个绰号叫"许真人"。

后来，他又为另一个儿子取号叫"敦谷"。本来，"地山"和"敦谷"就取意于"山谷"，两个孩子的字号连起来是"山谷"，其意就更明显了。

1917 年，许地山入北京燕京大学学习。五四运动时，他积极参加学生运动，文学才能也初露锋芒。毕业后他留校任教，并与茅盾等人发起组织"文学研究会"，开始文学创作。他曾留学英国，抗日战争前后在香港从事进步文化活动。

许地山的笔名叫落华生。关于这个笔名的来历，他在早年的

一篇著名散文《落花生》中有所说明。这篇散文主要记述童年时，姐弟们在"收获节"晚上和父亲一起讨论落花生品格的一段生活故事。在孩子们热烈的讨论中，父亲总结概括了落花生的好处，并引出了做人"要做有用的人，不做伟大、体面的人"的人生哲理，启发孩子们要像落花生那样，质朴无华，埋头工作，做有益人民的事。父亲的这番谈话，给许地山留下了深刻的印象，并直接影响到他后来的人生品格修养。为了表明自己的志向，激励自己洁身自好，不慕虚名，他便以"落华生（即落花生）"为笔名。

在后来的人生道路上，他正是以落花生的精神，不畏艰险，默默地、踏实地工作，直到1941年病逝。郭沫若在悼念他的悼词中说，"他不仅是一位诚实的创作家，真挚的学者，而且是一位极健全的社会人。……他有献身精神，对于名利竞逐，极其恬淡。"这是对他一生落花生精神最精彩的总结。

许地山还有一个绰号叫"许真人"。他对神学、宗教很有研究，尤其是对道教，曾著有《道教史》一书。他对梵文和印度文化也深有研究，著有《印度文学》等专著。他不吸烟、不喝酒，终年吃素。他喜欢留长发、留山羊胡子，还自行设计了式样别致的长袍大褂，加上他那清瘦的身材，真有一点仙风道骨的劲儿，于是便有了"许真人"的绰号。

20.“小小红军”萧军和萧红

萧军是我国当代著名作家。
20世纪30年代，他和他当时的
妻子萧红就已经是文坛上颇有影
响的青年作家了。他们敬仰鲁迅
的革命精神和文学才华，鲁迅也
很喜欢他们，给了他们很多关爱
和帮助，引导他们走上了革命文
艺道路，促使他们成长和成名。
萧军和萧红都称自己是“30年代
鲁门小弟子”。

萧军很有才华，20世纪30
年代在上海发表了他的成名作、
抗日小说《八月的乡村》，鲁迅为
该书写了序。40年代，他曾两次

萧军和他的妻子萧红。两人的
笔名合起来含有“小小红军”
之意。这是他俩1935年在上海
的合影。

去延安，与毛泽东交往密切，为延安文艺座谈会的召开做了大量
工作。新中国成立后，他又以饱满的政治热情，写下了许多讴歌
新社会、新生活的优秀作品。

萧军原名刘鸿霖，别名田军、三郎，辽宁义县人，萧军是
他的笔名。这个笔名是他20世纪30年代在上海发表小说时经鲁
迅指点起用的。当时，他写了两篇小说寄给鲁迅，请他代为修改
并推荐，使用的笔名是“萧三郎”，鲁迅觉得这个笔名不够安全，

萧军是我国当代著名作家，原名刘鸿霖，"萧军"这个笔名是经鲁迅指点起用的。

便给他去信说："那两篇小说的署名，要改一下，因为俄有一个萧三，在文学上很活跃，现在即使多一个'郎'字，狗们也即刻以为就是他的。改什么呢？等来信照办。"刘鸿霖考虑之后，决定把"萧三郎"改为"萧军"。刘鸿霖说，他最后决定使用"萧军"，其中"萧"，是因为他很喜欢京剧《打渔杀家》中的萧恩；"军"是因为他是军人出身。

萧军的爱人萧红，是黑龙江呼兰人，原名张西莹，是一位很有才气的女作家，鲁迅曾赞誉她是中国最有前途的女作家，柳亚子也赞美她"有掀天之意气，盖世之才华"。她的作品主要描写东北农民的悲惨生活和抗日斗争，文笔细致明朗，主要有《生死场》《呼兰河传》《牛车上》《民族魂》等。她在鲁迅的关怀扶植下，成为知名的女作家。萧红是她的笔名，这个笔名源自萧军。他们俩当时非常仰慕红军，既然不能直接参加红军打击敌人，就将笔名合为红军，以笔作武器，揭露和打击敌人。两人的笔名合起来便是"小小（萧）红军"。萧军后来回忆说："这种天真的想法和行动，如今想起来，也有点'幼稚病'得怪可笑。不过那时国民党正在江西一带'剿共'，因此就偏叫'红军'给他们瞧瞧。"

萧红也在1981年纪念她70周年诞辰的大会上，被授予"30年代著名左翼女作家"的称号。

萧军还有一个雅号叫"出土文物"。他平反复出后，分配在北京市作家协会，与著名作家刘绍棠共事，两人在一起常常开玩笑。一次，刘绍棠在哈尔滨做报告，把萧军复出比作"殷墟出土"。会后，这个雅号就传开了。萧军对此雅号也乐于接受，他笑着对刘绍棠说："你这一高抬我，人家都管我叫萧老啦！我哪儿老？"后来，萧军干脆以"出土文物"自称了。

21. 萧楚女并非楚楚动人的女子

萧楚女，湖北汉阳人，生于1893年，原名萧树烈，字秋，学名楚汝，又名萧楚侣。

萧树烈1922年参加共产党，1924年任党中央特派员筹建四川党组织，是我党早期著名宣传家。早年受聘于湖北天门人刘泥青创办的《崇德报》，任主笔，后到湖北襄阳师范当教师。还曾担任过黄埔军校的政治教官。1922年起任重庆《新报》主笔。

萧树烈在重庆《新报》任主笔时，常常以"楚女"为笔名发表文章，宣传革命思想，其文章逻辑性强，说理透彻，文笔俊逸，清新，很受推崇。一些喜欢他文章的男青年猜测，"楚女者"一定是"楚楚动人之女子"，于是，一封封求爱信像雪片似的寄到编辑部。据说有一位大学生还约请萧楚女会面，以叙爱慕之情，见面后，方知"楚女"原来是位粗壮男子汉。

为了说明真实身份，萧楚女专门在报上刊登了一则启事："本报有楚女者，绝非楚楚动人之女子，而是身材高大、皮肤黝黑并略有麻子之一大汉也。"后来，他还专门使用了一个"丑女"的笔名。

萧树烈为何要取一个女性化的名字作笔名呢？其实，"楚女"之名并非表示女性，而是出自爱国诗人屈原《离骚》中的名句："忽反顾以流涕兮，哀高丘之无女。"据朱熹解释"女，神女，盖以比贤君也。""楚"，则因湖北为古代楚国属地。屈原是湖北人，楚人也，故"楚女"寓有像屈原那样救国救民、奋发努力去做一番大事业的深刻含意，是一个充满革命激情的笔名。

萧楚女一生没有结婚，他曾对好友说："我不是禁欲主义者，但人都有审美观念，我一脸麻子，漂亮的女子不会爱我，我也不会爱上不合自己心意的女子。"大革命时期，武汉曾有一位女子，声称"非楚女不嫁"。一位热心的同志将这一情况写信告诉了萧楚女，想撮合这一婚姻。萧楚女在回信时认真地说："你一定要告诉她，我是麻子，切不可隐瞒。"后此事因故没有进行。

1927年4月15日，萧楚女在广州被国民党反动派逮捕，10天后惨遭杀害。

22. 张恨水之名寓意深刻

张恨水是我国著名小说家，一生笔耕不辍，共创作小说一百二十余部，为人们留下了两千多万字的作品。他才思敏捷，小说不仅写得好，而且写得快。有一阶段，他同时为七家报社写连载小说，一天写一万多字。他的《啼笑因缘》《春明外史》曾名噪一时。2004 年，由《啼笑因缘》改编的同名电视剧上映后，也深受人们的喜爱。

张恨水原名张心远，江西广信（今上饶地区）人。"恨水"是他的笔名。对于这个笔名，人们不知其来历和含意，多有猜测，尤其是在他成名之后，有人联想到《红楼梦》中，贾宝玉说女子是水做的骨肉，认为很可能是张恨水年轻时爱过哪位小姐，后情场失意，心里耿耿于怀，遂用了"恨水"这个笔名。为此，张恨水曾公开辟谣说："许多人对我的笔名有种种揣测，尤其是根据《红楼梦》女人是水做的一说，揣测的最多，其实不是那回事。"

著名作家张恨水，著作等身，名闻中外。其笔名出自南唐后主李煜的《乌夜啼》词。

"恨水"这一笔名看似很怪，实际寓意非常深刻。它出自南唐后主李煜的词《乌夜啼》："林花谢了春红，太匆匆，无奈朝来寒雨晚来风。胭脂泪，相留醉，几时重，自是人生长恨水长东。"张恨水自幼喜爱诗词，尤其喜爱李煜的这首词，从中他悟到光阴的宝贵，于是截取了其中的"恨水"两字作为笔名，用以激励自己珍惜时间，不要让光阴像流水一样白白流逝。

1945年9月，毛泽东在重庆同蒋介石谈判期间，会见张恨水时也曾赞誉其名寓意深刻。

张恨水确实像笔名所寓意的那样，珍惜光阴，勤奋写作，即使在极困难的情况下，也坚持每天写作，甚至连躲避日机轰炸的时间也不放过。张恨水不仅分秒必争地搞创作，还曾任《皖江报》总编辑、《世界日报》编辑、《南京人报》社长和重庆、北平《新民报》副刊主编等职。有人统计过，抗战八年中，张恨水平均每天约写三千字。张恨水自己也曾风趣地说过，他的稿子是"榨出来的油"。

张恨水也曾幽默地用自己们名字开过玩笑。有一次，四川省水利厅厅长何北衡设宴欢迎他，酒过三巡，张恨水突然对何北衡说："你是我的冤家对头，今天是狭路相逢。"在座的宾客大为惊愕，不知张恨水何出此言。只见张恨水稍做停顿，继而一笑，说道："我一生最恨水，所以取名张恨水，而何厅长偏偏爱水，大搞水利，专与我作对。"众人一听，方知张恨水是在用自己的名字开了个玩笑。

23. 源于陈毅元帅诗句的笔名

莫伸是著名作家孙树淦的笔名。孙树淦，江苏无锡人，1951年出生于一个铁路职工家庭。17岁时到秦岭山区插队，21岁到宝鸡车站货场当了一名搬运工。孙树淦自幼喜爱读书，他说，他上初中时，读书的欲望很强烈，但却无书可读，学校图书馆有很多书，却被学校锁了起来，于是，他决心偷书来读，后来，他真的从图书馆偷来了一布袋书回去。说起这事，他感慨地说，当年为了读几本书竟然要冒着生命危险，现在的孩子有书读是多么幸运。

莫伸原名孙树淦，其笔名源于陈毅元帅的著名诗篇《手莫伸》。

后来，他在车站当搬运工时，还经历过一次抢书的事。有一次，宝鸡车站拉来一大车厢处理的书籍，他和几个爱读书的人一起，你三本、我五本地争抢。拿到后，把书藏在衣服里或者拿什么包着，生怕被别人发现。

读书使孙树淦爱上了文学创作，他说，他在秦岭插队时，看到许多同学进城了，那时，他干完农活，就躺在麦草垛上看着天空，思考很多事情，后来就走上了写作道路。

孙树淦的文学创作，是在他做搬运工时开始的。在发表文章时，为了不让人知道是他这个搬运工写的，就想用个笔名。起个什么笔名好呢？他想到了当时陈毅元帅的著名诗篇《手莫伸》，他敬仰陈毅元帅，对他这首诗中的名句"手莫伸，伸手必被捉。党与人民在监督，万目睽睽难逃脱"尤为欣赏，认为这是激励自己严于律己、淡泊名利、奋发向上的最好诗句。于是，他选用"莫伸"做了自己的笔名。

莫伸的成名作是他在1978年27岁时发表的小说《窗口》，此作获全国优秀短篇小说奖。此后，他在"手莫伸"的精神鼓舞下，勤奋努力，不断耕耘，用莫伸笔名发表了四十多万字的作品。其作品多次获全国及省市优秀作品奖，并被翻译成英、日、西班牙等国文字。其散文《壶口，壶口》入选2008年陕西省中考试题。

24. 寓意"没娘的孩子"的笔名

梅娘，原名孙嘉瑞，现代女作家，祖籍山东招远。

梅娘从小失去母爱，为此，她给自己取了一个寓意"没娘的孩子"的笔名。

梅娘出身豪门，父亲孙志远是东北著名实业家。梅娘的生母是孙志远的偏室，梅娘两岁时，生母被正房驱逐，从此生死不明。梅娘小时并不知道自己的身世，但却感觉到了养母对她的歧视与冷淡。她曾在《妇女》杂志上发表的一篇自传体散文《我没有看见过娘的笑脸》中写道："最初，我并不知道娘不是亲的，我抱着小的纯真的女儿心去和娘亲近，娘总是不爱理我……我没有看见过娘的笑脸。"梅娘自幼失去了母亲，失去了纯真的母爱，成了一个没娘的孩子。为此，长大后她给自己起了一个"梅娘"的笔名，取谐音"没娘"。

梅娘 16 岁时，疼爱她的父亲病逝，不久，她赴日本留学。

梅娘青年时就表现出极高的文学禀赋，17 岁时，出版了《小姐集》，20 岁时，出版了《第二代》。1942 年，22 岁的梅娘从日本回国后，受聘于北平《妇女》杂志社做了记者，这期间她陆续发表了《鱼》《蚌》《蟹》及大量短篇小说，被读者评为最受欢迎的女作家，与南方的张爱玲齐名，有"南玲北梅"之誉。

　　梅娘在日本留学时，与中国留学生柳龙光相恋，结婚后，定居北平，先后生有二女一子，6 年后，柳龙光遇海难身亡。

　　1957 年，梅娘被划为"右派分子"，被送到农场改造。这期间，她体弱多病的二女儿因无人照料而病逝。后来，她的小儿子又因染上肝炎，治疗不及时而死去，从此，梅娘只剩下大女儿柳青一个亲人。这时的梅娘想到自己自幼没娘的痛苦，她不愿看到自己唯一的女儿柳青再像自己一样失去母爱，所以她格外看重这份亲情。为此，她先后为自己取了"柳青娘"和"青娘"两个笔名。

　　1978 年，梅娘被平反后，又重新拿起笔投入创作中去，先后在香港、上海、深圳、吉林、北京等地一些报纸杂志上发表了一系列回忆、游记、杂感文章，后又出版了《梅娘近作及书简》。其文字炉火纯青，魅力依旧，其作品依然深受欢迎。1997 年，梅娘被列入现代文学百家。

25．一个令人感动的笔名

柯蓝，原名唐一正，1920 年出生于湖南长沙，著名作家，与

周立波、康濯、蒋牧良并称湖南文学界四大巨头。代表作有反映人民抗日斗争的章回体中篇小说《洋铁桶的故事》，反映陕甘宁边区大生产运动的中篇小说《红旗呼啦啦飘》，散文诗集《早霞短笛》等。

柯蓝是唐一正的笔名，唐一正为什么要选一个女性化的笔名呢？原来，这里面有一段凄美而又感人的爱情故事，柯蓝晚年曾向人们详细地讲述了这个故事。

柯蓝是唐一正的笔名，笔名中有一段凄美的感人的故事。

柯蓝说，他 17 岁的时候，孤身一人奔赴陕西八路军总部，参加了学兵部。在一次日军飞机的轰炸中，学兵部的大队长负了伤，他奉命护送大队长去前方医院，来到医院，一个戴着口罩个子高挑的护士检查了队长的伤势后，吩咐医院的人前去抢救，护士对他说："这里没你的事了，你可以回去了。"但他因队长伤重昏迷不醒不愿离去，就不吃不喝地陪护着。到第二天黄昏时，女护士过来了，这次女护士没戴口罩，漂亮得令他说不出话来，女护士也为他的精神所感动。

护士告诉他，这里医药奇缺，队长只能靠自己去恢复，时间

要长一些。护士对他说，她本是南洋富商华侨的女儿，代表华侨联合会赠送一批贵重医药给八路军总部，本来是要回去的，由于战争造成交通断绝，只好留下来做了护士。听了护士的述说，他也将自己的经历告诉了护士，说他叫唐一正，也是孤身一人来到革命队伍的，还说他喜欢文学，将来一定要当作家，并对她不能回去与家人团聚表示同情，还随即用开药方的纸写了一句普希金的诗："假如生活欺骗了你，请你不要悲哀。"护士也爱好文学，她转身拿出一个挂包，从中取出一个精致的日记本，打开第一页，上面写有两行字：路是从没有路的地方走出来的——鲁迅。只有在黑暗中，才更加感到光明的可贵——罗曼·罗兰。落款处写的是自己的名字"柯蓝"。共同的文学爱好，拉近了两人的距离，两人一直聊到天亮。

第二天医院转到一个小村子。由于村子小，窑洞少，他和柯蓝只好到一个大洞中休息。在这里，柯蓝送给他一张三寸大的照片，这是她在一所外国护士学校拍的。他很感动，动情地说："我们再也不分开了，我们将来一定要去延安。"柯蓝说，"反正我跟父母亲人都失去了联系，我只我一个人，我就跟你吧。"两人紧紧拥抱到了一起，眼中充满了泪水。

过了几天，大队长醒过来了，他对大队长说，他和这里的护士恋爱了，希望在医院多待一段时间。大队长想成全他，但医院不同意。最后大队长说，你就回学兵队吧，等我养好伤回学兵队时，一定把她给你带回去。

他回学兵队时，柯蓝送了一程又一程，最后洒泪而别。然而45天后，大队长伤愈回到学兵队时却没把柯蓝带来。大队长告诉他，就在上个月，柯蓝在掩护伤病员时，惨遭敌机机枪扫射，身中八颗子弹，不幸牺牲，临死前，她还挣扎着大喊唐一正的名字。

大队长把柯蓝的一个小笔记本交给他，说柯蓝的英勇和舍己救人太让人感动了，后来在清理她的遗物时，看到了这个笔记本，上面写有你的名字，我就带来了。他听着，忍不住地号啕大哭。

后来，他去了延安，做了记者，但却始终无法忘怀柯蓝，为了平息心头的悲痛，表达对柯蓝真诚的爱，1939年他正式向组织提出改名为柯蓝，并表示要用一生的生命以她的名字去生活、去战斗。从那以后，在他60多年的文学生涯中，发表了近千万字的文学作品上，署的都是柯蓝的名字，他说："柯蓝一直都在，我用她的名字继续活着。"

柯蓝是一个特殊的笔名，更是一个令人尊敬和感动的笔名。

26. 刘长述"觉奴"笔名的深刻含意

刘长述是中国近代史上著名的戊戌六君子之一刘光第的长子。他自幼受家庭熏陶，关心国家大事，青年时代就参加了同盟会，在震惊中外的四川保路运动中，他曾与朱国琛、杨允公一起撰写了《川人自保商榷书》。此文在当时影响极大，它促使保路同志军举行了武装反清，最终引发了辛亥革命。

1905年刘长述从北京湘学堂转到成都四川高等学堂时，就为自己取了"先觉奴"的名字。辛亥革命后，他在成都从事新闻工作，成了一名著名记者，写文章、发表小说时，以"觉奴"为笔名。1915年，他的中篇白话文小说《松冈小史》发表时，用的则是"富顺觉奴"笔名。

对于这个笔名，刘长述曾写过一篇《释名》短文，说明其含意。他在《释名》文中说："先觉奴，喟然叹！奴隶已非奴，奴隶之奴，何以视息于天地！被洋人奴虏满清，汉族又为满人奴，天乎！皇汉之裔，曷为而至此乎！？血气之伦，孰能忍须臾之命，甘为奴之奴而恬然寝食？曷兴乎，皇汉之胄！倾吾人之血汗，以淹没奴人者，一转念耳！先觉奴，人呼我愤！呼我者，宁不勃然怒！卒然起！我知毁灭强横者有日矣！"

我们从刘长述这篇《释名》短文中，可知其"觉奴"笔名含意是何等之深刻，它不仅蕴含着刘长述忧国忧民的殷殷爱国之情，还表达了刘长述愿为推翻反动统治和解放人类勇于献身的革命精神，同时也反映了他对革命必胜的信念。

27. 韩素音笔名里的爱国情感

韩素音是一位深深爱着自己祖国的英籍华裔女作家。她曾说："我热爱中国，我的根在中国，中国赐予我一切！"

深受中国人民尊敬与爱戴的英籍华裔爱国女作家韩素音。她的名字里蕴含着深深的爱国之情。

韩素音本姓周，原名周月宾，韩素音是她的笔名。她的父亲是中国人，母亲是比利时人，双方的结合，曾是轰动一时的佳话，比利时还专门为此发行了印有他们照片的纪念邮票。

韩素音的父亲叫周映彤，出身于四川成都一个大户人家。16 岁时，他以优异成绩考取了出国留学生。18 岁时，应选入比利时求学，攻读铁路和采矿专业。在学校他与比利时内阁大臣的女儿玛格丽特相识并相爱。开始，双方父母都反对这桩婚姻。后来，清朝外派第一任公使郭嵩焘知道了此事，亲自出面做周映彤父母的工作，并说服了他们。玛格丽特也冲破了家庭阻力。1907 年，这对异国情侣，终成眷属。周映彤留学结束后，携妻子回到祖国，初在四川高等学堂任教，后调任京汉铁路天津段段长。

1916 年韩素音出生于一个月光皎洁的中秋之夜。父亲很高兴，便给女儿取了个"月宾"的名字，意思是"月亮送来的客人"。每逢过她生日时，父亲总是要送最好的月饼给她作礼物。

韩素音也因此喜欢过中秋节、吃月饼。在她后来的小说中，还常常有这方面的描写。

韩素音的青少年时期是在国内度过的，她从北京圣心女中毕业后，考入了北京燕京大学学医，两年后，争取到一笔奖学金，去比利时留学，继续攻读医学。

1937年，卢沟桥事变后，韩素音曾一度奔波于欧洲各国，进行抗日宣传，争取国际援华，初显她的社会活动能力。1938年她回到祖国，在重庆南门医院当助产士。后来，她去了英国并加入了英国国籍。为了表示自己仍是炎黄子孙，她为自己取了一个笔名叫"汉属英"，意思是自己虽然加入了英国国籍，可仍属汉人，仍是一个炎黄子孙。之后，她又根据"汉属英"的谐音改名为"韩素音"。她说："不能仅仅把我看成是一个混血儿，我的身躯里流淌着中国人的血，我是中国骨头，更重要的是我有颗永远也不会改变的中国心，在我身上属于中国的这一半很重很重。"正因如此，韩素音深受中国人民的尊重和爱戴，周恩来等国家领导人也多次接见过她。

韩素音从1956年开始，几乎每年都来中国访问，写下了大量宣传新中国的作品，在世界产生了重要影响。英国哲学家罗素曾向西方读者介绍过一个认识中国的捷径，那就是读韩素音的书。他说："一小时里从韩素音的书中了解到中国的情况，要胜过我在那里生活一年。"

28. 三毛自解"三毛"笔名

三毛非常敬仰漫画家张乐平，并认他为义父。"三毛"的笔名就是源于他画的《三毛流浪记》。

三毛是深受大陆读者喜爱的台湾著名女作家，她的作品曾风靡祖国大陆、东南亚、美国等地。

1943 年三毛出生于重庆市，祖籍浙江舟山，1948 年随父母定居台湾。

三毛原名陈懋平，"懋"字原是家谱上她那一代的排行，"平"则是她父亲陈嗣庆希望女儿能带来一份和平，期望战乱尽快结束。但三毛在学写字时，总是写不对这笔画繁多的"懋"字，于是自作主张地删去了这个字，把自己的名字写成"陈平"。那时她只有 3 岁。

三毛还有一个西文名叫"Echo"，译音为"厄科"。这是希腊神话中一个女神名。神话传说，厄科曾钟情于美男子那尔喀索斯，苦于单相思而形容日见枯槁，以致最后仅剩下她的声音。三毛取这一西名，可能与她早年性格内向有关。她早期的作品使用的都是这个笔名。

对于三毛这个笔名，她本人曾做过多种解释。

三毛敬仰漫画家张乐平，尤其喜爱他的《三毛流浪记》，她在后来访问游历大陆时，曾专门拜访过张乐平，并认他为义父。

戴着印第安女人小帽，充满浪漫情澜的三毛。

她曾写信给张乐平说："在我 3 岁的时候，看了你的大作《三毛流浪记》。后来等我长大了也开始写书，就以三毛为笔名，作为对于您创造的那个三毛的纪念。"

三毛还曾说，她自己很平凡，三毛也是一个最简单、通俗的名字，大毛、二毛，谁家都可能有，就像自己的名字中的"平"，"平平常常"的意思。她还说，她身上常常只有三毛钱，意思是说自己是一个很平常的人。

三毛很喜欢她这个笔名，她认为这个平凡的笔名中还蕴藏着深奥的哲理。她曾多次在谈话和作品中解释说：三毛是中国古代文化中的卦名，

大地啊，我来到你岸上时原是一個陌生人，住在你房子裡時原是一個旅客，而今我離開你的門時却是一個朋友了。

三毛

这是她署有"三毛"笔名的手迹。

即乾卦☰。此卦的含义是："天的功能，是万物创造的伟大根源，通行无阻，祥和有益，无所不正，而且执着。"如用白话解释卦辞就是：执着最重要；动机必须纯正，而且必须持续；如果不能持续，最终结果，仍然不会圆满。

有了这样的解释，人们也不难理解三毛颇具传奇色彩的一生了。三毛自幼脾气古怪，性格内向，常常胡思乱想，十多岁时就想到自己活不到穿长筒袜的20岁。后来受一张古典吉他唱片的影响，突然决定去了西班牙。在西班牙，她的性格发生了重大变化，由内向古怪转向热情奔放。这时期，她在爱情上却连遭打击，致使她坠入了情感的深渊。有一天，她在一本地理杂志上偶然看到了撒哈拉大沙漠，便又莫名其妙地决定去那里。在那里，她与她早期的恋人荷西结婚，并度过了有意义的6年，这期间，她创作了《撒哈拉的故事》《稻草人手记》《哭泣的骆驼》等许多为广大青年读者所倾迷的佳作。但就在这时灾难再次降临，她的丈夫在一次潜水中不幸死去，这无疑又使她遭受了一次致命打击。

荷西去世后，三毛将所有的爱交付给了写作，这期间她又创作了一批轰动文坛的作品。1989年以来，三毛回祖国大陆访问游历，所到之处受到热烈欢迎，回台之后，写下了为影坛创造了多项大奖的剧本《滚滚红尘》。尽管如此，三毛的心灵深处却始终笼罩着孤独的悲伤的情感阴影。

1991年1月2日，三毛因病住进台北"荣民总医院"，4日早晨，护士发现她吊死在病房浴室的挂点滴用的吊钩上，终年只有48岁。三毛一生的追求是执着的，但结果却并不圆满。

29. 柏杨笔名和"柏杨精神"

台湾作家柏杨，河南辉县人，1920 年出生，1949 年去台湾，原名郭定生，乳名小狮儿。柏杨在辉县上初二时，因顶撞校长被开除学籍。后来，父亲送他去开封上学，因怕受开除的影响，替他改名为郭立邦。他在开封读了一年高中后，因拿不出初中毕业证，只好投笔从戎，报考了河南省军事政治干部训练班。抗战期间，他又找了一张南京中央大学政治系"郭大同"的证件，将其修

台湾著名作家柏杨，原名郭定生，因怀念家乡，敬仰柏树和杨树的精神故取"柏杨"作笔名。这是他抱着他喜爱的泰国小猫的照片。

改成"郭衣洞"，凭此伪造的证件被分发到东北大学上学。抗战胜利后，学校查出他是使用假证件读书，又被教育部永远开除学籍，但郭衣洞的名字他却一直使用着。

柏杨曾当过教员，教过书，但最后选择了写作，并成了知名作家。

20 世纪 50 年代初，柏杨开始小说创作，写有爱情小说《旷野》《秘密》，现实小说《怒航》《挣扎》等。

柏杨在写了 10 年小说后，于 1960 年开始转向写杂文。他的

杂文敢于揭露时弊，题材多取自广大人民群众所关心和熟悉的内容，其文笔活泼，语言流畅，幽默中蕴含哲理，在台湾受到广泛欢迎。

柏杨在写小说时，用的是真名郭衣洞，写杂文时，则开始使用"柏杨"为笔名。

他为什么要取"柏杨"这一笔名呢？原来他从小生活在河南农村，中原大地多种柏树和杨树。柏树苍劲挺拔，不畏风霜，四季常青，树龄可达千年；杨树高昂挺直，风一吹来，树叶哗哗作响，动人心魄。他从小就敬仰柏树和杨树的风范。1960年，他在台湾担任《自立晚报》副刊主编时，曾应邀参观台湾一个即将通车的主干公路。公路的最后一站有一个名为"古柏杨"的隧道，当时尚未竣工。这一地名引起了他的遐想和回忆，家乡中原大地的柏杨再次展现在他的眼前，柏杨的风格再次使他感动。于是他决定用"柏杨"作为笔名，将"柏杨"精神融入他的杂文之中。

柏杨讽喻、揭露时弊的杂文，深为台湾当局所不满。1968年，台湾当局终于找了个借口，以"大力水手"事件为由将柏杨逮捕入狱。

1966年，柏杨任平原出版社社长，主编并负责《中华日报》家庭版《大力水手漫画》专栏。1968年1月3日，《大力水手漫画》专栏刊出一张漫画，画的是父子两人合购了一个小岛，小岛上只有他父子俩，他们两人建立了一个王国，并在这个王国里由父子两人竞选总统。漫画的内容使台湾当局十分恼怒，他们以"侮辱元首""通匪"的罪名将柏杨逮捕。这一事件在当时引起海内外的震惊，人们纷纷指责台湾当局的这一专制做法，要求释放柏杨。1970年蒋经国访问美国时，在美国的台湾留学生还专门上书要求他释放柏杨。还有人写了一本《柏杨和他的冤狱》为他鸣冤，但都无结果。柏杨被台湾当局关押了近十年，1977年才被释放出狱。

1988年，已是69岁高龄的柏杨回到了他离别了近四十年的故乡。在那里，他受到家乡人民的热烈欢迎。有一位美术家还专为他塑了一尊半身雕像，立放在他的家乡，以示纪念和敬仰。

30. 金庸、古龙笔名的来历

港台地区有两位著名的武侠小说作家。一位是香港的金庸，一位是台湾的古龙。金庸和古龙是他们的笔名，说起他俩笔名的来历，都很有趣。

金庸本姓查，名良镛，1923 年出生于浙江海宁的一个世代书香门第。其祖上本是安徽人，元朝末年迁至海宁，其家族历史上曾出过许多名人，仅明清两代，就有 20 人中进士，76 人中举人。金庸的先祖查恕，是明初的一代名医，被征召入太医院，很受朱元璋赏识，被赐一品服。金庸的祖父是查氏家族最后一个进士。金庸在他的许多作品中提到过他的显赫家族。他的《鹿鼎记》中第 50 回的回目，用的就是其祖上查慎行的诗句。

金庸原名查良镛，其笔名"金庸"是他的笔尖戳在"镛"字中间，给了他灵感而起的。这是保存在浙江省档案馆的一张他年轻时的照片。

金庸这个笔名，是他 1955 年在香港任香港《新晚报》记者时起的。当时，他负责《新晚报》的《下午茶座》（这是一个专门刊登休闲内容的栏目）。他曾以乾隆皇帝传说为内容，每天在报刊上刊登一千字左右的小说。那时他还不甚有名，使用的是真名查良镛。为了提高知名度，吸引读者，他想起一个好笔名，但想来想去，也没想出一个满意的。心里一急，便把手里的笔往桌子上一扔，谁知，笔尖正好戳在桌子上一份稿件中他的名字查良镛的"镛"字中间,这一戳给他带来了灵感,他看着戳在"镛"字中间的笔尖,心想,如果把"镛"字从中间分开,不就成了"金"和"庸"两字吗?如果用"金庸"作笔名不是很好吗?于是,"金庸"这个笔名诞生了。查良镛用"金庸"这个笔名一连写了14部36册武侠小说,一举成名,"金庸"也成了享誉世界文坛的名字。

金庸的肖像和手迹。

古龙原名熊耀华。古龙这个笔名与他上学时爱过一位女同学有关。当时,熊耀华在淡江师专附中上学。那时班上男生多女生少,全班一共36人,女生只有4人。其中有一个叫古凤的女学生,长得小巧玲珑,不大爱说话,显得有点孤僻,班上调皮的男同学给她起了个外号叫"鸟"。熊耀华很喜欢她,希望能和她交朋友,便主动接近她。熊耀华长得矮小,身高只有1.56米,眼也小,脑袋和嘴又特别大,古凤自然看不上他。古凤的父亲去世时,熊耀华冒着倾盆大雨赶到她家看望慰问她,这使痛失父亲的古凤十分感动,于是她毫无顾忌地扑到熊耀华的怀中放声痛哭。熊耀华小时被父亲遗弃过,此时也勾起他痛苦的回忆,再看到古凤那悲恸的样子,也忍不住放声痛哭起来。两人痛哭一阵后,古凤突然发现自己还扑在熊耀华的怀中,立即挣脱出来,冷冷地说:"你给我出去。"熊耀华很伤心，对古凤说："我对你一往情深，你真的一点也不理解我吗？"并发誓说："如果我熊耀华今生今世娶不到你，我一定要取个名字叫古龙。"

　　就这样，熊耀华带着对古凤的深切情感开始使用起"古龙"一这个笔名。没想到"古龙"这个名字给他带来了巨大的成功，使他成了著名的武侠小说作家。

31.男作家的女性笔名

有一段时间，文坛上流行起男性作家使用女性笔名的现象，而且许多还是名作家。像瞿秋白曾用过"双太后"，柳亚子曾用过"彩云女士""松陵女子潘小璜"，茅盾用过"冯虚女士"，周作人曾用过"萍云女士""碧罗女士"，陈望道用过"春华女士"，赵景深用过"露明女士""爱丝女士"，张若谷用过"刘舞心女士"，端木蕻良用过"红良女士"等，都是十足的女性化笔名。鲁迅也曾多次使用过这类笔名，如

鲁迅的弟弟周作人，也是一位文学家，他也曾使用过多个女性化笔名。

"许霞""雪之""乐雯""冬华""曼雪""菇莼"等。

男性作家使用女性笔名，自然有其用意，绝非心血来潮，或仅仅为了赶时髦，但读者多不知内情，所以，由此而引起的误会、笑话、趣闻也不少。

20世纪初，中国出了一本《女子世界》杂志，那时，中国的妇女解放运动开展得尚不广泛，女作家尚不多，在《女子世界》杂志上投稿的，还多是男作家。有段时间，该杂志连续刊出了几篇署名为"松陵女子潘小璜"的文章，其中有介绍中国女剑侠红线、聂隐娘的文章，有歌颂女将领梁红玉的文章，有赞美明末抗

清女豪杰的文章，还有两首诗。文章和诗都写得很精彩，这引起了人们的注意，人们想知道这位不仅能写传记，还能写诗，知识面广博的女作家到底是谁。有不少读者写信给杂志社询问这位女作家的情况。后来，人们搞清楚了，"松陵女子潘小璜"哪是什么女作家，而是大名鼎鼎的大学者柳亚子。柳亚子在解释他用这一女性笔名的原因时说，他是为唤起女性积极参与到社会活动中来。

茅盾在为《妇女杂志》撰写文章时，常常使用"冯虚女士"的笔名。一次一位朋友问他为什么要用这样一个女性化的笔名，茅盾风趣地说："冯者，凭也；虚，子虚乌有；'冯虚'乃凭空捏造是也。"他说罢大笑起来，朋友听后也笑了起来。茅盾虽然用了这么一个有趣的笔名，但他的文章绝非凭空捏造，而都是言之有据、写作认真、说理透彻，给人以启迪的好文章。

前些年，琼瑶和金庸的言情、武侠小说风靡大陆（内地）时，社会上出现了一批笔名为"雪米莉"的通俗小说作品，"雪米莉"前面还加有"香港"两字。这一笔名立即吸引了大批痴迷于港台小说的青年，他们争相购买、传阅。在他们的心目中，"雪米莉"肯定是香港的著名女作家。后来有人写文章揭开了这个秘密，"雪米莉"原来是我国四川东北部一个小县城的两位名不见经传的男性青年，一个叫雁宁，一个叫谭力。消息一传开，痴迷者大呼上当。当人们问这两位青年人为什么要取用这么一个带有外国女性味的笔名时，他们说，他们是想利用社会上"唯港唯台是热"的倾向，为大陆的言情武侠小说在文坛上争一席之地。真让人啼笑皆非。

32. 充满情趣的笔名

吴趼人是我国清朝末年著名的小说家。他的《二十年目睹之怪现状》，与李伯元的《官场现形记》、刘鹗的《老残游记》、曾朴的《孽海花》，并称"晚清四大谴责小说"。吴趼人一生创作了大量的小说，有"小说巨子"之誉。

吴趼人原名宝震，又名沃尧，字小允。1866年生于北京，后随母亲回到广东南海佛山，其童年和少年都是在佛山度过的，故为自己取号"我佛山人"，也用作笔名，其著名的谴责小说《二十年目睹之怪现状》就是用此笔名发表的。说起这个笔名还有一段趣事，某小报

吴趼人的笔名充满了情趣。

记者，不知此笔名由来，认为"山人"即"山樵""山民"之意，"我佛"是作者信佛、学佛之意，于是，在小报发表他的文章时，便用"我佛"称呼他，还认为是对他的尊称。吴宝震看到后，大笑不止，第二天就挥笔疾书："我系佛山之人，故曰我佛山人，何得竟施腰斩之罪，将佛山两字断成两截？佛说未免罪过。"

后来，吴宝震又用"茧人"做笔名，取"作茧自缚"之意。谁知这一笔名也引来了不少趣事和笑话。

有一次，一位女士为他画了一幅扇面，起名时，将"茧人"

71

写成了"茧仁"。茧仁是指僵蚕，吴宝震看后叫道："我怎么变成僵蚕了？"于是，他不再使用"茧人"这个笔名了，而是将"茧"改为"趼"，开始称"趼人"，取"百舍重趼而不敢息"，即不辞劳苦、勇往直前之意。还将此做了自己的名字。"茧"与"趼"同音，但"趼"是一个生僻字，有人常常将其读错写错，往往将"趼"（jiǎn）读成"yán"，将"趼"写成"研"和"妍"。其实这三个字的意思完全不同，"趼"是人的手或脚磨出的硬皮，俗称膙子，"研"是研究，"妍"是美丽，"研"和"妍"都读"yán"，"研人"是指富有钻研精神的人，"妍人"则是指美丽的人。吴宝震常常看到有人将"趼人"写成"研人"或"妍人"，这使他哭笑不得。他曾幽默地为此写过一首打油诗："姓名从来自有真，不曾顽石证前生；古端经手无多日，底事频呼作研人？"又云："偷向妆台揽镜照，阿侬原不是妍人。"

虽然吴宝震写了打油诗为自己正名，但仍免不了人们继续叫错他的名字，连他的墓碑上都还是将"趼"写成"研"，称他"吴研人"。

吴宝震的这几个笔名，不仅在他生前故事多多，直到他去世了，还在墓碑上留下了有趣的印记，真是有意思。

33. 两个特殊的笔名

《孽海花》是我国近代一部揭露讽刺清廷官场丑恶内幕的历史小说，作者是近代著名小说家曾朴。其实最初发起写这部小说的并不是曾朴，而是当时著名学者金松岑。

金松岑，江苏吴江县人，早年曾参加爱国学社，与邹容、章太炎、蔡元培等爱国志士交往密切。他竭力主张资产阶级民主革命，走西方发展的道路，挽救中华民族。他向往自由，憎恨清政府的反动腐朽、投降卖国，痛恨列强的入侵和专横，对帝国主义侮辱中国人民为"东亚病夫"更是痛心疾首。他决心写一部小说，揭露清政府的腐败，唤起民众的觉醒，并将这部小说定名为《孽海花》。他写了小说的前六回，将后面的续写任务交给了曾朴，他和曾朴共同拟定了后面内容的章回提纲，最后，由曾朴完成了写作任务。所以，作品发表时，署了两人的笔名。这是一个很特殊的署名："爱自由者发起，东亚病夫编述"。"爱自由者"为金松岑的笔名，"东亚病夫"为曾朴的笔名。这两个特殊的笔名，充分表达了两位作者忧国忧民、追求光明、鞭笞敌人的爱国热忱。"爱自由者"，是作者向往自由、唤起民众觉醒的呐喊；"东亚病夫"则是作者对帝国主义侮辱中国人民的愤怒抗议，是怒吼。

《孽海花》发表之后，轰动一时，被认为是晚清四大谴责小说中最有价值的一部。但当时却都无人知道作者"爱自由者"和"东亚病夫"是何许人。连大翻译家林琴南也在四处打听。直到曾朴公布了真实姓名，人们才知道这部奇绝之书的作者原来就是大名鼎鼎的金松岑和曾朴。

　　金松岑还曾在家乡办过小学，并亲自开馆讲授，他向学生传授知识和爱国思想，把拯救民族的希望寄托在了下一代身上。后来成了著名学者的柳亚子、陈庆林都是他的得意门生。据说，柳亚子的柳弃疾之名和陈庆林的陈去病之名就是他给起的。他是希望学生不要忘记洗刷"东亚病夫"之耻辱，为拯救民族而奋斗。

34. 趣谈相同的作家笔名

中国人重名的现象很普遍，文人雅士也不例外，甚至作家的笔名也有重名的，为此还留下不少趣话。

1984 年 4 月 3 日，著名老作家李准在《人民日报》公开发表声明，宣布改原名李准为李準。李准是人民熟悉的小说家和剧作家，蒙古族人，据说是成吉思汗麾下大将木华梨的后裔，其李姓可能是由梨转化而来。他的作品《不能走那条路》《李双双》《老兵新传》等深受人民喜爱，李准的笔名更是享誉文坛。那么他为什么要登报更名呢？原来，20 世纪 80 年代初，报刊上又出现了一个写评论文章的李准。刚开始，人们并不知道这个李准是何人，还认为是写小说和剧本的李准转向了写评论文章，于是，有人就打电话给他，询问此事。此时，李准方知道出现了一个与自己同名的作家。李准决定让名给这位青年作家，自己改名为李準，"準"为"准"的繁体字。于是有了名作家登报让名的佳话。

在当今的女作家中，有两个叫素素的，一个在上海，一个在大连，两人都很活跃，不断有文章见诸报端。开始还能相安，后来两人都感到别扭了，上海的素素终于讲话了，1994 年 11 月 16 日，她在《新民晚报》上著文辩解道：大连另有一个素素，文章长长的，洋洋洒洒，不过那是《别人的风景》。

1994 年 7 月 9 日，《南方周末》刊登了一篇《同名之扰》的文章，作者的笔名叫方方，本名汪芳。汪芳写这篇文章的原因，是因为报刊上出现了同名方方的报道。汪芳为了使读者了解自己，她在文章中写道："方方至今尚未离婚，报载离婚的方方不是武汉大学中文系毕业，并且写过小说《风景》和《桃花灿烂》的那个方方。"这一说明写得妙，不仅区别了两个方方，还巧妙地向读者推荐介绍了自己。

文坛上还有两个叫"麦琪"的女作家，也许是三个。更有趣的是，曾有两个以"麦琪"的名字在报刊上发表过文章。1998 年，一个叫"麦琪"的作者在《读者》杂志上发表文章说，她原来叫"蔡小容"，但她并不喜欢这个名字，说这个名字给她带来的是爱生气、爱生病，什么也容不下。人们还拿她的名字开玩笑。一天，一位同学出了个"秀色可餐"的谜语要大家猜，有同学告诉她，谜底就是她的名字"蔡小容"。

后来上大学英语系时，老师叫她"Maqqy"，中文译为"麦琪"。她觉得这个名不错，就用它做了笔名。没想到，还有一个叫"麦琪"的女作家已经出了名，这使她很生气。

不知这个叫"麦琪"的女作家，是上面所说的两个叫"麦琪"的作家中的一个呢，还是又一个？

2003 年 2 月 10 日，又一个叫"麦琪"的，在《新民晚报》上写了一篇《我不是那个麦琪》的文章。她在文章中有一句话讲得不客气了："那个麦琪又出来了，这一次我真的讨厌她了。"不知另一个麦琪见到这篇文章做何感想。

类似这样，因笔名相同而引发的趣事还很多。上海作家封季任，笔名"凤子"，著有《舞台漫步》，而同时活跃在文坛笔名为"凤子"的作家还有三位。因同名而带来的麻烦和烦恼，上海"凤子"深有体会，为此，她曾在《新民晚报》上专门写过一篇这方面的文章。

　　鲁迅的弟弟、著名作家周作人也曾遇到过这种烦恼。他曾使用过一个"知堂"的笔名，后来得知也有人用"知堂"笔名发表文章时，便急忙声明将"知堂"改为"智堂"。但后来他又改回来了，因为他"知堂"的笔名已很有名气了。

　　更为有趣的是，台湾大作家李敖竟与一位孕妇的名字相重，并因此闹出一个大笑话。这是他在一篇文章中谈到的："有一次我弟弟肠胃出了毛病，就介绍他到'新高原药房'找一位李大夫。新高原的李大夫有两位，一位是妇产科的，一位是肠胃科的，我认识的李大夫是肠胃科的。可是我老弟找错了，找到那位妇产科的李大夫，告诉他：'我是李敖的弟弟。'那个李大夫忙点头道：'李敖吗？我认识她，她下个月就要生了。'"

35. 脂砚斋到底是谁

凡喜爱《红楼梦》的，都知道《红楼梦》有个《脂砚斋评本》。所谓《脂砚斋评本》，是指书中写有大量署名脂砚斋点评语的《红楼梦》抄本。

那么，脂砚斋是谁？为何又取这样一个称号？要说清这个问题，还要从"脂砚"说起。脂砚已在四川发现，现存于吉林省博物馆。此砚本是一块砚石的名称，系明朝万历年间名妓薛素素调和胭脂所用，砚背刻有明代名士王稚登的一首五言绝句。此砚质地优良，造型精美，又是名妓爱物，且有名士题诗，所以格外引人瞩目。这块脂砚传到了清朝，被一位文士所得，此君十分喜爱这块脂砚，视为珍宝，珍藏于自己书房之中，因爱得深切，连书房也用此砚命名，称"脂砚斋"，并用"脂砚斋"做了自己的别号。脂砚斋酷爱《红楼梦》(当时称《石头记》)，曾悉心研究过这本书，此君在研读此书时，曾在书上写下了大量的评语，有眉批、行间批，有正文之下的双行评注，还有回首总批和回末总评等。其评语多达三千多条，其中署名的有 174 条。所署之名也并非全是脂砚斋，还有畸笏叟、梅溪、松斋、棠村之名。多数学者认为，这些不同的名字是脂砚斋的别名。后来，这种有脂砚斋评点过的《石头记》八十回抄本流落到了民间，直到 1927 年才陆续被人发现。《脂砚斋评本》上的脂砚斋点评内容，可以说是最早对《红楼梦》的评论，对研究《红楼梦》有极其重要的价值。所以，《脂砚斋评本》一直受红学专家的高度重视。

　　人们很想知道这位如此喜爱、并精心研读《红楼梦》的脂砚斋到底是谁，此人和《红楼梦》的作者曹雪芹又有何关系？红学专家们对此进行了深入的研究，他们根据脂砚斋在书中的点评内容，提出了多种看法。有说此人是曹雪芹的族叔，有说是曹雪芹的堂兄弟，有说就是曹雪芹本人，还有人说是曹雪芹的表妹史湘云。众说纷纭，至今没有定论，甚至连脂砚斋是男是女也没弄清楚。看来，要弄清脂砚斋的身份，还需有更多资料的发现和更深入的研究。

二 艺名

1."梅兰芳"这个艺名的由来

　　杰出的京剧艺术大师梅兰芳，原名梅澜，字畹华，乳名群子。祖籍江苏泰州，1894 年出生于北京一个京剧世家，祖父是有名的"同光十三绝"之一的梅巧玲。父亲梅明瑞也是著名旦角，但在梅兰芳 4 岁时便去世了。梅兰芳 8 岁开始学戏，10 岁便开始登台唱戏。他先后学过青衣、花旦、武把子和昆曲，但他成名是在参加"喜连成"班，受牛子厚赏识和推荐以后，其艺名梅兰芳也是牛子厚为他起的。

　　牛子厚是吉林一位酷爱京剧的富商。1901 年，牛子厚为母亲祝寿，特请北京的"四喜班"来唱堂会。这期间他结识了班子里一位演技精熟、为

京剧艺术大师梅兰芳。他的艺名是其在吉林演出时由一位酷爱京剧艺术的富商牛子厚为他起的。

人忠厚的文武老生叶春善。在戏班回京时，牛子厚出资请叶春善代他在北京办一个"科班"，以便将来可有一个在北京和吉林之间交替演出的戏班，解决吉林闭塞之地看戏难的问题。叶春善接受了这一委托，回到北京后，即开始收徒组班，并从牛子厚三个儿子喜贵、连贵、成贵名字中各取一个字，将科班定名为"喜连成"班。梅澜当时参加了这个班，班内给他起了个艺名叫梅喜群，这是因为他在科班中列"喜"字辈，乳名又叫群子。

梅兰芳在《生死恨》中饰韩玉娘的剧照。

　　1905年，叶春善带领"喜连成"班到吉林演出，牛子厚非常高兴。一天，他和叶春善一起散步，偶然发现一个正在练功的14岁的旦角。牛子厚见他长得仪表堂堂，气度不凡，功底扎实，认为将来必有出息。叶春善告诉他，这个旦角叫梅喜群，带艺入班，其祖父是"同光十三绝"之一的梅巧玲。牛子厚听后更加器重，嘱叶春善好好培养。当时"喜连成"班内名角

梅兰芳在《一缕麻》中饰林纫芬的剧照。

济济，梅喜群虽然演技不错，但仍无资格挑大梁。后来，叶春善找到了一个机会，让梅喜群饰演《白蛇传》中的重要配角青蛇，结果演得非常成功。牛子厚看后大加赞赏，认定其将来必有发展，

同时想到梅喜群这个艺名太一般了，应该给他起一个响亮的艺名。经过反复琢磨和推敲，牛子厚决定为他取名"梅兰芳"。这个艺名取自《离骚》"兰芷变而不芳"，意思是有梅的风骨，兰芷的气韵，芳香永存。这一艺名本来就响亮，再经牛子厚的支持和宣传，"喜连成"班还没离开吉林，梅兰芳的名字就叫响了。以至于在"喜连成"班回京时，沿途所到之处，人们奔走相告，都以一睹梅兰芳为快。

梅兰芳成名之后，更加刻苦努力，演出更加精益求精，并对京剧艺术深入研究，不断创新，使其更臻完美，为中国京剧的发展做出了重要贡献。梅兰芳一生创演了许多光彩夺目的剧目，其代表作《霸王别姬》《贵妃醉酒》《宇宙锋》《天女散花》更是令人痴迷陶醉。梅兰芳还将中国京剧艺术带向了世界，使世界人民认识了这一艺术奇葩，并为之倾倒。现在中国京剧艺术已风靡世界，并出现了许多外国京剧迷。梅兰芳也成了全世界最具魅力的艺名。

2."麒麟童",一个将错就错的艺名

麒麟童是我国著名京剧表演艺术家周信芳的艺名。说起这个艺名的来历,还有一段有趣的故事。

周信芳出生于梨园世家,从小就从陈长兴学老生戏,7岁时开始在杭州登台演娃娃生,取艺名"七龄童"。

1904年周信芳10岁时,随戏班到上海演出。演第一场时,照例要写海报,介绍演员和剧目。负责写海报的老先生把"七龄童"听成了"麒麟童",写时心中还称赞这个艺名起得好。海报写好后,马上就贴出去了。第二天,《申报》和《时报》都刊登了"麒麟童"演出成功的消息,班主看到,知道是错把"七龄童"写成"麒麟童"了,于是,重新写了一份海报贴了出去。没想到,当晚看戏的

周信芳开始的艺名是"七龄童"。"麒麟童"艺名是因写海报的老先生误写而得来的。

人看到海报后,纷纷要求退票,声称他们是专门来看"麒麟童"的戏的,现在换演员了,他们不愿意。后经戏班反复解释,大家才知道"麒麟童"和"七龄童"本是一人。此后,戏班便将错就错,把周信芳的艺名改为"麒麟童"了。

麒麟是古代传说中的一种珍奇动物,被人看作吉祥的象征,用它来做艺名,既有美好的含意,又响亮醒目。周信芳很喜欢这

个艺名，在后来的艺术生涯中，他一直使用这个艺名，并创造了独树一帜的"麒派"艺术，把京剧艺术推进到一个新的发展阶段。

周信芳主演老生，唱腔古朴苍老，念白清晰纯正，做功与念、唱、打密切结合，有独特的风格，被人誉为"麒派"。周信芳将其一生倾注到了京剧艺术上，并将自己的表演艺术无私地传授给了青年一代，培养了一批包括其儿子周小麟在内的麒派京剧著名演员，为我国的京剧艺术做出了重要贡献。

新中国成立后，周信芳历任中国戏曲研究院副院长、上海京剧院院长等职，1975年病逝。

3. 程砚秋三改艺名

程砚秋是我国继梅兰芳之后又一位著名
的京剧艺术表演大师，是京剧四大名旦之一。

程砚秋，1904 年出生于北京一个满
族贵族家庭，原名承麟，曾用名"艳秋"，
字菊侬。他 3 岁时，父亲去世，家道中落。
为了谋生，6 岁时，他拜荣蝶仙为师，立
契为徒学戏。

承麟学戏刻苦，又具表演天分，11 岁
便开始登台表演。他嗓音好，表演出色，
又与著名老生刘鸣生配戏，很快获得了
"小石头"的美称。这一美称是因他的表
演颇具当时有"陈石头"之称的著名青衣演员陈德霖之风格而来。

程砚秋本不姓程，程
砚秋是他的艺名。他
曾多次改名，其名字
的变化，反映了他的
经历和志向。

承麟的表演才华受到广东名士罗瘿公的赏识。承麟 13 岁那
年发生倒嗓，但师傅仍让他唱戏，罗瘿公得知后，认为这会使其
毁嗓而毁掉整个艺术生命，于是借了 700 块银圆为他解除了契约，
提前出师。罗瘿公还将他名字中的"承"改为汉姓"程"并将其
与他的字"菊侬"合起来，为他取了艺名"程菊侬"。

程菊侬在罗瘿公的帮助下，跟王瑶卿学旦角，又拜梅兰芳为
师，从这两位京剧艺术家那里学到不少东西，为后来的艺术表演
打下了扎实的基础。

程菊侬喜欢秋菊傲霜斗雪的风格和精神，愿以此为座右铭，

于是，他根据"菊侬"名字的意思，又改名为程艳秋，字玉霜，号玉霜簃主人。

17岁时，他嗓音逐渐恢复，但没能全变，出现了一种立音，即所谓的"脑后音"。程艳秋根据自己的这一嗓音特点，同时汲取各种戏曲及外国音乐中优美的唱腔，创造出一种幽咽婉转、刚柔相济的唱腔，形成了自己独特的艺术风格，人称"程派"。

他的表演艺术深受人们的喜爱和推崇。1923年，他去上海演出，上海的观众在舞台前高悬了一副贺联："艳色天下重，秋声海上来。"贺联上下联的开头的两个字正是他的名字"艳秋"，足见人们对这位艺术家的喜爱。

程砚秋演出《荒山泪》时的剧照。

成名后的程艳秋严格要求自己，保持着高尚的艺德。1932年，他再次改名明志，改名砚秋，字御霜，并郑重登报声明，"砚"与"艳"，"御"与"玉"，虽是谐音，但寓意不同。他改"艳秋"为"砚秋"，寓意认真学习，不断进取，改"玉霜"为"御霜"，寓意抵御冷酷严霜，不惧困难和挫折，要为艺术献终身。

程砚秋具有崇高的民族气节。抗战时期，他拒绝为日伪演出，隐居农村，荷锄种田。

新中国成立后，他历任中国戏曲研究院副院长、中国戏剧家协会常务理事、全国人大代表、全国政协委员等职。1957年，由周恩来总理和贺龙副总理介绍，程砚秋加入了中国共产党。1958年3月9日，他因心脏病突发在北京去世，享年54岁。

4. 盖叫天原名叫张英杰

　　著名京剧表演艺术家盖叫天，原名张英杰，号燕南，直隶高阳（今属河北）人，盖叫天是他的艺名。他8岁时入天津隆庆和科班学习武生，10岁便登台演出。盖叫天酷爱京剧艺术，在艺术的追求上，有着惊人的毅力。在演《花蝴蝶》时不幸折断了手臂，在演《狮子楼》时折断了左腿骨，但他都坚持演出，直到演出结束。在长期的艺术实践中，他注重造型美，讲究人物的精神气质，形成了"武戏文唱，假中有真"的

京剧盖派艺术的创始人盖叫天，武松戏演得尤为出色，被人誉为"江南活武松"。这是他的"武松"剧照。

艺术风格，人称盖派艺术。他的武松戏演得尤为出色，被人誉为"江南活武松"。著名戏剧家田汉曾写过一副赞誉他的嵌名对联："英名盖世三岔口，杰出惊人十字坡。"上下联的第一个字分别是"英"和"杰"，这正是他的原名"英杰"。

　　提起盖叫天这个艺名的来历，还有一段故事。晚清时期，京剧泰斗谭鑫培的父亲因嗓音高亢激越，被人誉为"叫天鸟"，又称"谭叫天"。谭鑫培的嗓音更有高度，清晰有力。一次进宫为皇上、太后演出，一声"叫小番"，声震四座，慈禧一高兴，赐

名"小叫天"。谭鑫培不仅嗓音好,而且戏艺高超,做功精湛,在戏剧界很有名气。昔日北京曾流行这样一句话"有书皆作序,无调不成谭",足见其影响之大。

张英杰初次演出时,艺名叫"金豆子"。当时他演的是武戏,人长得既精神,又有斗性,戏班里的齐老先生就给他起了这个艺名。13 岁那年,他随戏班到杭州演出,感到武戏文唱,再用"金豆子"这个艺名有些不合适了。张英杰非常崇拜谭鑫培,于是便效仿他的艺名,为自己取了个"小小叫天"的艺名。没想到这艺名竟遭到了一些人的讽刺嘲笑,说他不配叫这个名。少年气盛的张英杰不服气,心想我不但要继承前辈的艺术,还要努力超过他们。于是,他索性将"小小叫天"改为"盖叫天",意思是我要超过"小叫天"。

有志者事竟成,他以百折不回的毅力,经过不断的探索、创新和拼搏,终于自立于京剧舞台,成为著名的京剧艺术表演家。他的弟子和儿子也在他的教导下,发扬光大了盖派艺术风格。他的一个儿子还取了"小盖叫天"的艺名。

新中国成立之后,盖叫天曾担任过浙江省文联主席、中国戏剧家协会浙江省分会主席。1962 年,周恩来总理还曾亲自登门看望过他。周总理去时,盖叫天事前不知道,开门时,发现是周总理,他大为惊讶,忙说:"宰相进民宅,欢迎总理。"待把总理迎进门后他又说:"从前宰相出门,前呼后拥,又是鸣锣开道,又是放鞭炮,你这个'宰相'怎么一个人来,也不事先通知我一下呀!"周总理笑着说道:"我是来串门的,看望你'五爷'嘛。"(盖叫天在兄弟中排行老五)盖叫天听后十分感动。

5. 汪笑侬艺名的故事

清朝末年，上海有一位很有名气的京剧演员，演艺独树一帜，艺名叫汪笑侬。说起其艺名的来历，还有一段故事。

汪笑侬原名德克金，字俊清，自号隐伶，满族人，1858年出生在一个官宦人家。他自幼聪慧多才，琴棋书画，诗词骈对，样样皆通。他酷爱京剧，很有表演才能。父亲希望他能在科举仕途上有所发展，但他对此却毫无兴趣。他父亲曾集资为他捐了一个河南太康县知事的官职。任官期间，他虽仍喜欢操琴弄弦，评戏论剧，但也能为百姓办事，且不畏强权，为此受到一些豪绅的忌恨。后豪绅借他购买一名满族宗室之女为侍妾为由，贿赂河南巡抚参了他一本。从此，他离开官场，开始南下上海当起演员来。

当时京剧界的汪桂芬是极负盛名的老生，其演唱流派被誉为"汪派"。德克金非常仰慕汪桂芬，一直是他的戏迷，并精心揣摩研究他的演技，模仿他的唱腔和作派，学得很像。他到上海演出时，便挂牌"汪派"老生，演得很出色，颇受欢迎。汪桂芬听说有人在学他，并以"汪派"自称，便想看个究竟。一日，他来到德克金演出的戏院后台，掀起帘子看了看正在舞台上演唱的德克金，不以为然地说："这是学我呀？像蚊子叫嘛！"说完，扬长而去。当时，该戏院的后台管理是位上海人，德克金演完回到后台，这位后台管理用上海话对德克金说"刚才汪桂芬笑侬是蚊子叫"。上海话"侬"是"你"的意思。周围的人听了颇为不服，但德克金却泰然处之，他把汪桂芬的讥笑当成是对自己的鞭策，并从此改叫"汪笑侬",以此作为自己的艺名。其用意是,汪桂芬讥笑我,我要以此来激励自己不断努力进取。从此之后,汪笑侬加倍努力,不断改进演技,经过刻苦磨炼,终于形成了自己特有的艺术风格,被人称为"小汪派"。亲友们却对汪笑侬弃官从艺当了戏子大加责备,对此,汪笑侬笑着说:"我做官不过七品知县,如今王侯将相随我做,这是何等赏心乐事。"他更名汪舛,字舛之,号仰天,其居室命名为"天地寄庐"。"舛"字读 chuǎn,是"违背"的意思。其名、字、号、室名连起来的意思是:他要做一个被人认为是违背常理的仰天而卧于天地之间的自由人。

汪笑侬是一位充满爱国情怀的演员。他所处的时代,正是列强入侵中国、甲午战争战败、八国联军攻陷京津、国家处于危亡的时候。为了唤起国民,宣传爱国精神,汪笑侬在舞台上相继演出了表现古代爱国志士悲壮故事的戏目,像《哭祖庙》《骂毛延寿》《易水寒》等。尤其是《哭祖庙》,由于在唱词中加进了许多慷慨激昂的句子,加上他充满激情的演唱,使听众深受感动。他还创作和改编了一些剧本,这些剧本多是嘲讽昏君、权奸,赞颂爱国志士、鼓舞人民斗志的剧本,对动员民众和弘扬爱国反帝精神起到了积极作用。人们有感于此,誉称他为"爱国伶圣"。

1918 年,汪笑侬在上海病逝,葬在上海真如。1958 年,在纪念他诞辰一百周年时,中国戏剧出版社出版了《汪笑侬戏曲集》;中国戏剧家协会重修了他的墓,墓碑上刻着田汉题写的"爱国艺人汪笑侬之墓"。

6. 常香玉的本名叫张妙玲

被人誉为"豫剧皇后"的常香玉，是一位受人钦佩、德艺双馨的豫剧艺术大师。她对艺术精益求精，勇于创新，形成了独领风骚的"常派"豫剧风格。在七十多年的舞台生涯中，她为人们留下了《花木兰》《拷红》《白蛇传》等一大批深受人们喜爱的精彩剧目，尤其是《花木兰》，更是家喻户晓，久唱不衰。

常香玉品德高尚，视艺术为生命，视观众为上帝，她常说的一句话是"戏比天大，艺无止境"。她是在用艺术来回报社会和人民。她一生生活简朴，几乎把所有的收入和积蓄都捐给了社会和祖国。抗美援朝时，她捐献了一架"香玉剧社号"飞机，

德艺双馨的常香玉深受人民尊敬和爱戴。但她本不姓常，其名字的来历，还与"项羽"的名字有关呢。

非典发生时，她捐款万元用于河南省非典防治，此外，她还常常携弟子举行义演，将门票收入捐给希望工程、送温暖工程。她是一位受人尊敬的艺术大师。2004年去世后，她被国家授予了"人民艺术家"的光荣称号！

常香玉，1923年出生于河南省巩县一个名叫董沟的小山村。她本姓张，乳名叫妙玲。父亲张福仙是一个唱豫剧西府调的艺人，艺名叫张凤仙，后因嗓子受伤，就在戏班里做一些打杂的事

情。因为家里穷，在小妙玲 9 岁时，母亲和姑姑要送她去当童养媳，小妙玲坚决不愿意，她要跟父亲去学戏，张福仙答应了她的要求。从此，她跟着父亲学戏，张福仙成了她的启蒙老师。父亲为了让她积累舞台经验，经常让她参加各种演出。常香玉后来回

这是常香玉年轻时下基层演出的剧照。

忆说："我父亲老是让我小生、武生、丑角，什么角色都演。"这使她从小打下了扎实的表演基础，加上刻苦努力，扮相又好，到她 12 岁时，已小有名气了。用常香玉自己的话说："那时候我就有身份了，一个月能挣 8 块大洋了。"

但那个年代唱戏的人地位极低，很多人把他们称作"戏子"。张福仙带着女儿随戏班赶庙会，到各处唱戏，引起了族长的恼怒，认为有辱祖宗，便气势汹汹地对张福仙说："如果你还要唱戏，就不能姓张，要姓张就不能再唱戏。"张福仙倔强地说："戏还要唱，百家姓上有的是姓，从现在起，俺孩子姓常，不姓张了。"原来，小妙玲有一位义父叫常会庆。那是她 9 岁时，有一次父亲带她到外地演出，回家时，借宿在一家水烟铺里，那晚店铺失火，把父女俩的衣物烧了个精光。大冷天父女俩冻饿难忍。集镇上有一位开小饭馆的常会庆，平日乐于助人，又是个戏迷，得知妙玲父女俩的遭遇后，便让自己的女儿给两人送来了面条和衣服。张福仙十分感激，便让女儿认他为义父。

小妙玲改姓了义父的姓，名字当然也要改，义父非常敬佩楚霸王项羽，便给义女起名叫常项羽。后来，他又借"项羽"的谐

音为其改名"常香玉"。常会庆识字不多，当时只是想给义女取一个响亮的艺名，可他没有想到后来常香玉的艺术人生却深刻地体现了她这个艺名的寓意。她成功塑造的穆桂英、花木兰确实表现出了像楚霸王项羽一样的英雄气概；她对艺术的执着追求和她那高尚的道德情操，正像白玉一样高雅纯洁、坚固无比。她的艺术之花正像她的名字一样，常香不败。

7. 牛得草艺名里的故事

　　著名豫剧丑角表演艺术家牛得草，在《七品芝麻官》中，用"丑角正演"的表现手法，成功地塑造了一名廉正为民、不畏强暴的县官，幽默而不俗，备受观众的赞赏，尤其是他那句"当官不为民作主，不如回家卖红薯"的台词，更是广为流传。说起这句台词，还是他在"文革"中受批斗时想出来的。虽然当时他被关在狱中，但还在想他演了几十年的芝麻官这出戏。一次，他突然想到了一句台词："当官不为民作主，不如回家卖豆腐。"他决心，将来再演这出戏时，一定将这句台词加进去。后来，他联想到他在狱中吃的是红薯，老百姓也只能用红薯充饥，豆腐是很难吃到的，于是，他将这句台词中的"卖豆腐"改成了"卖红薯"。一句精彩的台词就这样产生了。

著名豫剧丑角表演艺术家牛得草。他的艺名是一位八十多岁的老先生为他起的，诙谐而又寓意深刻。

　　牛得草，1933年出生于河南省开封市，从小从师豫剧名丑李小需，专攻丑角。那时候他连个名字也没有，大家都叫他"小牛"。后来，团里一位老艺人给他起了名字叫牛俊国。

　　牛得草热爱豫剧艺术，演戏认真。为了博采众长，他还曾向京剧名角肖长华学过戏。肖长华对他说："剧本好比是肉，演员好比厨师，要把肉做成各种各样的菜，才算本事。"这段话对牛得草影响很大，从此，他细心观察生活，虚心向各方面学习。他与吆唱叫卖的摊贩交朋友，学习吆唱，他向唱莲花落的、说相声的请教，学习他们生动幽默的语言和表演艺术。经过努力，新中国成立初期，他的丑角艺术已颇具特色，有了一定的影响，但此时，他还叫牛俊国，没有一个合适的艺名。

开封有一个叫李春芳的八十多岁的老人，一辈子清贫，知识渊博，他爱听牛俊国的戏，有时散了戏还到后台和他聊天。牛俊国对他很尊敬，常向他请教。一天，他向老先生请教："人家都说我的名字不符合我的丑角行当，我又想不出好名字来，请老先生指点。"李春芳想了一下说："起名字因姓而宜，姓侯的有叫侯得山的，猴子得了山可以攀登；姓于的有叫于得水的，鱼儿得了水可以畅游；姓朱的有叫朱得康的，猪得了糠（康）膘肥体壮。你姓牛，何不叫牛得草呢？牛儿得了草，能负重远行，韧力无穷啊！"

牛得草这名字实在起得好，又诙谐，又好记，还寓有深刻的含意。牛俊国听完老先生一番说明后，高兴地说："好！俺就叫牛得草，共产党把俺从苦海中救了出来，让俺当了人民演员，这不是小牛得到青草了嘛！"

李春芳还为他起了个字叫"料足"，起了个别号叫"饮水"。这样，这头牛有草、有料、有水，可以茁壮成长充分发挥才能了。牛俊国为此在日记上写下了"立志成牛，艺为人民"八个大字，表达了自己愿做人民的艺术之牛的决心。

8. 猴王世家的艺名和诨号

凡看过电视连续剧《西游记》的，无不为剧中孙悟空的扮演者的精彩表演拍手叫绝——他表演得太传神了。《西游记》中美猴王的形象被他演得活灵活现、淋漓尽致、入木三分，以至于连猴子也感动了。一次，他在张家界拍摄时，一只小巧玲珑的猴子突然从丛林中跳出来，站到一个石台上，向这位美猴王的扮演者行了一个猴礼，小猴真的把他看成它们的猴王了。这位演员就是出身"猴王世家"的六小龄童章金莱。

这是"六小龄童"章金莱最喜欢的一张便照。

说起这个"猴王世家"，其祖孙四代共同演绎一个美猴王，已有一百多年的历史了。章金莱的曾祖父章廷椿演戏时就开始演猴戏了，由于表演得出色，有了名气，人们送他一个"活猴章"的绰号。

到了章金莱祖父章益生这一代，开始把绍剧猴戏发扬光大了。章益生年轻时曾在绍兴老家务农，但他酷爱绍剧猴戏，每逢农闲，过年过节，他都要演戏，主要演猴戏。他的猴戏演得生动活泼，人们敬佩他演猴的技艺，便送了他一个"赛活猴"的诨号。后来章益生到上海开了一家剧院，把家乡的绍剧搬上了上海大舞台，并且使绍剧猴戏传承了下来，章金莱的父亲和伯父就是在这样一个猴王世家的环境中熏陶、磨炼成长起来的。

"六小龄童"在张家界拍摄时遇到一件奇事：一只小猴突然从树丛中跳出，站到石台上，向他敬了一个猴礼。

章金莱的伯父叫章宗信，艺术天分很高，扮相也很漂亮。他7岁开始登台演出，取艺名"七龄童"，登台不久，便表现出了非凡的表演才艺，逐渐走红，因成功地主演老生角色，被誉为"神童老生"。章宗信读书不多，但凭着自己的才气和努力，不仅成了著名的演员，还能编剧和导演。享誉海内外的电影《三打白骨精》的原始剧本就是他编写的。

章金莱的父亲叫章宗义，与哥哥章宗信差3岁，两人长得很像，很像是一对双胞胎。当哥哥章宗信登台演出，并很快叫响后，章宗义也渴望登台演出，但祖父母不希望两个孩子都演戏，因为当时演员的地位很低，但禁不住孩子一再要求，最后祖父同意章宗义在《霸王出世》一戏中演"小霸王"。结果，演得非常成功。从此，章宗义正式登台演出了。既然正式登台演出，就要有一个响亮的艺名。因当时章金莱的伯父"七龄童"已很有名，现在又来了一个小弟弟登台，所以，在印演出节目单时，一位印刷工人想都没想，就给章宗义取了个"六龄童"的艺名，印到节目单上去了。"六龄童"为了演好孙悟空，看遍了上海滩的各种猴戏，汲取了他们的精华。他还专门养了一只小猴子，整天和它形影不离，观察揣摩它的动作和表情。就这样边学边演，逐渐走向成功，最终赢得了"南猴王"的称号。陈毅、周恩来、毛泽东等国家领导人都看过他演的猴戏。他最有影响的一出猴戏就是《孙悟空三打白骨精》，后来被拍成电影。放映时，万人空巷，红遍了大江南北，并发行到世界 72 个国家和地区。郭沫若和毛泽东都为这出戏写过诗。

"猴王世家"传到章金莱这一代，更因电视连续剧《西游记》的拍摄而蜚声海内外。但在传承过程中也遇到许多波折。他们这一代，章金莱的二哥章金星最富有演猴戏的才华，他 3 岁就登台演出了，还会自己化妆，后来父亲给他起了个艺名叫"小六龄童"。有一次演出《孙悟空大闹天宫》，8 岁的他在剧中演一个小皮猴，结果演得活泼风趣，惟妙惟肖，非常逗人喜爱。当时周恩来总理也来看戏，看完之后，上台接见全体演员时，还专门将他抱着高高举起来。但正当他施展才华之时，却因白血病去世了，年仅 17 岁。

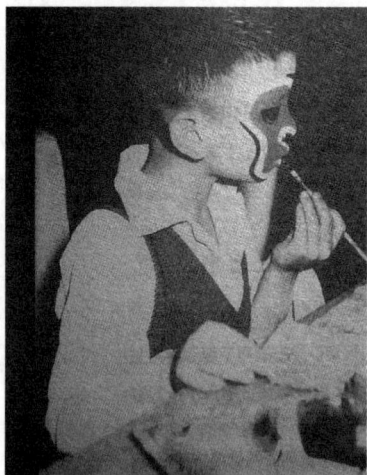

六小龄童的二哥"小六龄童"。他极富演猴戏的天分，并且从小就会自己化妆。这是一位捷克友人为他拍的化妆照，当时他只有 6 岁。

章金莱与他二哥的感情很深，他二哥弥留之际曾对他说："我就要死了。"他问："死是什么意思？"二哥说："死就是你再也见不着我了。"他问："那怎么样才能再见到你。"二哥说："如果你演成了孙悟空，你就能见到我了。"那时章金莱只有 7 岁，但他对这一情景记忆很深。为了实现二哥的遗愿，章金莱刻苦钻研猴戏。父亲在他二哥"小六龄童"的基础上，为他取艺名叫"六小龄童"。"六小龄童"终于在电视连续剧《西游记》中成功地扮演了孙悟空，并一举成名，实现了二哥的遗愿。"六小龄童"成名后，专程回到故乡绍兴，来到二哥的墓地，将美酒和鲜花放到墓前，默默念想着二哥临终前的遗言，告诉二哥，他的遗愿实现了。

2004 年 10 月，章金莱和他的父亲章宗义应邀做客中央电视台的《艺术人生》栏目，面对面地向观众述说"猴王世家"的形成和发展，介绍"猴王世家"艺名、绰号的来历和趣闻，以及他们成功路上的坎坷、辛酸和欢乐，令观众深为感动和敬佩。

9. 丁是娥艺名的含义

丁是娥是我国著名沪剧表演艺术家。1952年，她在《罗汉钱》一剧中扮演小飞娥，表演非常成功。小说原作者赵树理看过后说："我写的小飞娥，就是舞台上的这个人物。"此剧参加全国会演时，毛泽东、周恩来都观看了演出。演出结束，周恩来还亲切地接见了丁是娥。1960年，丁是娥在沪剧新戏《芦荡火种》中扮演主角阿庆嫂，受到观众的热烈欢迎。后来这出戏被江青改成京剧现代戏《沙家浜》。在《雷雨》一剧中，她扮演繁漪，同样受到人们的赞誉。著名戏剧家田汉赞扬她是一位"很有才华的演员"。

沪剧表演艺术家、"沪剧皇后"丁是娥。她是阿庆嫂的最早扮演者。

丁是娥出身很苦，父母都是缫丝厂的工人，祖籍浙江吴兴县。她于1923年生于上海，父母为她取名叫潘咏华，取小名银男，谐音"引男"，希望能引来个弟弟。银男从小随父母在工厂里生活，养成了勇敢、不怕吃苦的精神。她天性好动爱唱，很小的时候便常常一个人到街头看街头艺人演唱。由于聪明伶俐，街头艺人演唱的小曲，她听过几次，就很快记住会唱了，唱的时候还能即兴表演。大人看她那样子，真像一个江湖小艺人，于是，便给她起了个外号叫"六岁老江湖"。9岁那年，她母亲去世，父亲为生活所迫，要送她去当童养媳，但她执意要去学戏。后在姑母帮助下，拜当时著名的申曲（沪剧前身）女艺人丁婉娥为师，开始了她的艺术生涯。

潘咏华学戏认真，能吃苦，肯研究，进步很快。丁婉娥很器重她，给她起了个艺名叫丁是娥。丁婉娥说这个艺名有二层意思：一是指潘咏华是她的弟子，二是申曲有个名角叫孙是娥，她希望潘咏华将来能像她。丁是娥一边学艺，一边随戏班子到各地演出，很快成了戏班子的台柱子。后来，丁婉娥办了一个儿童申曲班，丁是娥也很快成为这个班里的台柱子。丁婉娥这时又为她改艺名叫"小小婉娥"。这个艺名一是适应儿童申曲班，用了"小小"两字。二是"婉娥"之名仍有属于她之意。两年后儿童申曲班结束，丁是娥又恢复了原来的艺名。

丁是娥原名潘咏华，小名银男，"丁是娥"是她的艺名。这是她在《雷雨》一剧中扮演繁漪的剧照。

丁是娥酷爱戏曲艺术，又勇于探索，她在发扬沪剧传统的基础上，借鉴、吸收、融化了锡剧、越剧等多种剧种的曲词，结合自己嗓音特点，创造出一种独具特色的丁派唱腔。

新中国成立后，丁是娥担任了上海沪剧团的领导工作，为推动沪剧艺术的发展做出了重要贡献。

1988年，丁是娥因病在上海逝世，享年65岁。

10. 骆玉笙的艺名叫"小踩舞"

骆玉笙是名闻中外的京韵大鼓艺术大师。她在 70 多年的京韵大鼓艺术生涯中，研习继承前辈的艺术成就，博采众家之长，创立了字正腔圆、声音甜润、委婉抒情、韵味醇厚为特色的"骆派"京韵。

骆玉笙 1914 年出生在江南，在她刚 6 个月时，就被送给了天津江湖艺人骆彩武为义女，骆玉

这是骆玉笙演唱京韵大鼓时的剧照。

笙从小就跟随养父母漂泊于上海、南京、武汉等地。从 4 岁起就开始配合养父母演出杂要，常常是骆彩武变魔术时，把骆玉笙变出来，再让她给围观的人唱上一段二黄。

骆彩武当时在江湖上小有名气，当骆玉笙 9 岁在汉口清唱京剧时，骆彩武便用自己的名字给她起了一个"小彩武"的艺名。骆玉笙 16 岁在南京夫子庙天韵楼唱京剧时，袁世凯的六公子袁克桓很欣赏她的演唱，又听说她很孝顺自己的养父母，于是就写了一副冠顶对联送给她。但写时发现"彩武"二字不好出词相对，便用谐音写成了"踩舞"二字，这两个字是取自二十四孝中，老莱子斑衣戏舞欢娱双亲的典故。于是，骆玉笙在她 17 岁改唱京韵大鼓时，便将原来的艺名"小彩武"改为"小踩舞"了，在后

来的演出中她一直使用这个艺名。

新中国成立后，1951 年她参加了天津曲艺团，不再用艺名，改用本名骆玉笙。改用骆玉笙后，她还收到一封群众来信，来信问"您的演唱很像当年的小踩舞，请问您二位是什么关系？"对此，骆玉笙还专门回信做了说明。

其实，骆玉笙这个名字也是有来历的，这是在她 9 岁那年在汉口的一次堂会上，湖北督军萧岳南的军医很喜欢她，将她收为义女，为她取名为玉生。后来，骆玉笙在"生"字上加了个竹字头，便叫骆玉笙了，她那甜韵的特殊音质，正应和了她"玉笙"的美名和她那玉笙般的音质，使她二十几岁时便享有了"金嗓歌王"的美誉。

11. 侯宝林艺名的由来

相声艺术大师侯宝林出身很苦，小时候捡过煤核，卖过报纸，出过苦力，也讨过饭。由于家里穷，上不起学，后来遇到有人办了个免费班，他才得到上学的机会。但免费班办了 3 个月就停了，从此，侯宝林就再也没进过学校。他的学问都是他后来刻苦自学，一点一滴积累起来的。一个只读过 3 个月书的人，最后竟成了一位享誉海内外的语言艺术大师，这也是个奇迹。

侯宝林的乳名叫"小酉儿"，这是因为他生于农历十月十五日酉时。小时候，他还有两个外号：一个是他掉牙时，人们叫他"豁牙子"，一个是因他小时候出天花，脸上落有麻子，人们称他"小麻子"。但他长到二十多岁时，脸上的麻子一点也看不出来了，可唱戏时仍有人叫他"小麻子"。

侯宝林 11 岁时，开始跟颜泽甫学戏，他学戏很刻苦，又有悟性和表演才能，从学到唱不到 3 个月便能演出了，后来他便跟着师傅到各处演出。侯宝林喜爱相声艺术，经常抽演戏的空闲去听相声，并学着演说，有时也登台帮助缺场的相声演员说一段。

1938 年，他正式拜朱阔泉先生为师，学说相声。朱阔泉当时已

相声艺术大师侯宝林。

小有名气，绰号叫"大面包"。在旧社会拜师，徒弟要请师傅和有关演艺部门的师傅上饭馆吃一顿，师傅要赐给徒弟艺名。侯宝林请不起，只在师傅家请吃了一顿炸酱面，师傅赐给他的艺名叫"侯宝麟"。

侯宝林原来的艺名叫"侯保麟"。旧社会师傅为徒弟起艺名，都是按字辈起的，当时朱阔泉的弟子是"宝"字辈，所以，他便将"侯保麟"的"保"字改成字辈中的"宝"字，取名"侯宝麟"，做了艺名。

实际上，在相声行内，按师承关系，本来第四代至第八代的字辈是"德、寿、立、仁、义"五个字。侯宝林属第六代，其字辈本应是"立"字。但由于当时的第六代中出了个常宝堃，绰号叫"小蘑菇"，艺名是常立桐，很有影响，所以，后来相声艺人收徒时，便以他名字中的"宝"字作为字辈排列了。侯宝林正是受其影响，而得到一个"侯宝麟"的艺名。那为什么"侯宝麟"又变成"侯宝林"了呢？

1940年，23岁的侯宝麟在天津演出时，因觉得麒麟的"麟"笔画太繁，于是便将"宝麟"改成了"宝林"。这一改法，既没改变师傅为他用的"宝"字辈，又没改变读音，只是笔画简单了，可谓改得巧妙。

改名之后的侯宝林，随着表演艺术日臻成熟，名气也越来越大，并最终成了著名的相声艺术大师。

12. 马三立的艺名很有文化内涵

马三立是人们熟悉和喜爱的相声艺术家。马三立出身曲艺世家，其祖父是著名的评书演员，其父兄都是著名的相声演员。马三立从小受家庭熏陶，深深地爱上了相声艺术，他 16 岁便登台表演，初露锋芒，直到 88 岁谢幕，一生演出的传统相声有 200 多个，他在长期的艺术实践中，潜心探索，创立了独具特色，深受人们喜爱和推崇的"马氏相声"。

有"相声泰斗"之称的马三立，深受人们的喜爱和推崇。

马三立在相声界威望很高，他当时是相声界年龄最长、辈分最高、资历最老、造诣最深的"相声泰斗"。他的辈分比侯宝林还要高一辈，马季要称他为师爷，所以，人们尊称他为"马三爷"。

马三立的形象就招人喜爱，他一上台，人们就有了逗乐的感觉。他身材细长，挺瘦，有人给他起了个绰号叫"牙签"。著名作家冯骥才曾这样形容他："大耳凹腮，总睁不开的一双小眼，细瘦的身条在灰布大褂里晃来晃去；哑嗓子说起来从容又机警，傻乎乎的表情中夹带着锐利；对于他，最普通的事物下也可以挖出笑料，最平常的语言也能刺激人们的笑神经。"

马三立表演不主张大喊大叫，其特点是"蔫逗"，尽管他的相声像平常讲话一样，却能把全场的观众都拢得住，让人笑声不断，乐趣无穷。他的许多经典段子，不光在他表演时让人逗乐、欢笑，就是演完了，人们想起来，还会不由自主地笑出声来。他的许多段子已深深扎根于人们的心中，像"逗你玩儿"这段子，题材很平常，内容很简单，但经马三立一说，就变得幽默风趣，其乐无穷，再也忘不了。马三立住院时，要动手术，医生怕他紧张，安慰他时，便想到了这个段子，对他说："马老，你别害怕，我们都爱听你说相声，一会儿还想听你给我们说'逗你玩儿'呢。"马三立听后，连忙摆手，风趣地说："千万别，这回可是动真格的，我不'逗你玩儿'，你们也别'逗我玩儿'。"说得大家都笑了。

马三立原名马桂福，马三立是他自己起的艺名。相声界演员起艺名，大都是为了招揽观众，图个响亮、有趣、好记，没有什么文化内涵，像"大面包""小蘑菇""白银耳""云里飞""小怪物"等。但马三立的艺名却不同，虽然马三立在他的相声中曾调侃自己的艺名是"马剩下三条腿，对付着还能立得住"。实际上，他的艺名是很有文化内涵的，所谓"君子有三立，立德，立功，立言"，语出《左传·襄公二十四年》："大上立德，其次有立功，其次有立言，虽久不衰，此之为不朽。"马三立曾在天津文汇中学读书，在老一辈相声演员中被称为秀才，他为自己取这样一个艺名，既容易记，又容易叫响，又不失文化内涵。

马三立的一生，正是遵照其艺名所要求的"三立"，在艺术上潜心探索，勇于创新，在生活中严以律己，善于待人，最终成为德高望重、德艺双馨的"相声泰斗"。

13．相声界的"常氏蘑菇兄弟"

在相声界"常氏相声"很有名，而"常氏相声"又以"常氏蘑菇兄弟"最有影响。"常氏蘑菇兄弟"之称，源于常氏兄弟四人都以蘑菇为艺名。

常宝堃是常氏兄弟中的老大，他从小聪明伶俐，3岁时就随父亲常连安变戏法，后改说相声。孩子说相声本来就有意思，加上他长得可爱，童声清亮，表演结束要钱时，又特别会逗人喜欢，所以特别招人喜爱。张家口盛产蘑菇，张家口人喜欢将聪明伶俐的孩子比作小蘑菇，常宝堃因此有了"小蘑菇"的艺名。

"小蘑菇"7岁时，随父亲到天津演出，很快出了名，后来开始在电台说相声。说起上电台说相声，还有一件趣事。1930年春节，8岁的"小蘑菇"与父亲一起在电台给听众说相声，结束时，他突然灵机一动，来了一个"现挂"。所谓"现挂"，就是根据现场情况即兴编词表演，"小蘑菇"在电台用他那清亮的童声说道：大叔大爷，我给大家拜年了，在这拜年您也不用给压岁钱了，要给，您就送到我家去，我家住在某某大街某某胡同。这本来是他开的玩笑抖的小包袱，可那些喜欢他的老大爷老奶奶还真的上门给他送压岁钱来了。

后来，"小蘑菇"名气越来越大，成了远近闻名的相声演员。当时，在沈阳还有一位艺名叫"白银耳"的相声演员连春仲也很有名，他的名气主要在关外，于是，相声界有了"关里的蘑菇，关外的银耳"之说。

当时还有一位著名的相声演员叫侯一尘，因相貌憨厚而得艺名"猴头"。蘑菇、银耳、猴头都是味美可口的山珍，三人又都是著名的相声演员，于是，相声界又有了"山珍三宝"之称。

常宝堃是一位有气节和风骨的爱国艺人，新中国成立前，因编演反映人们心声、揭露社会黑暗的相声，多次遭到监禁和毒打。新中国成立后，常宝堃的才艺得到充分发挥，并被选为天津市人民代表。1951年，常宝堃在赴朝鲜战场慰问时光荣牺牲，天津市政府授予他"人民艺术家""革命烈士"称号，并为他举行了隆重的葬礼。

常宝堃的几个弟弟也都是著名的相声演员，受常宝堃"小蘑菇"艺名的影响，几个弟弟也为自己起了蘑菇的艺名。二弟常宝霖叫"二蘑菇"，三弟常宝霆叫"三蘑菇"，四弟常宝华叫"四蘑菇"，人们称他们为"常氏蘑菇兄弟"。

"三蘑菇"常宝霆十一二岁就开始在父亲开办的启明茶社说相声，与他配合，为他捧哏的是北京天桥著名艺人"小云里飞"的儿子白全福。二人合作四十多年，珠联璧合，形成了特有的艺术风格。白全福晚年两耳失聪，但他依然能登台为常宝霆捧哏演出，成为相声界的一件奇事，足见两人配合之默契。

"四蘑菇"常宝华更是大家熟悉和喜爱的相声演员。他一生创作了大量的脍炙人口的相声作品，他与侄子常贵田（常宝堃的长子）创作演出的《帽子工厂》曾轰动一时。常宝华还与6岁的孙子常远一起登上春晚舞台表演相声《爷孙对话》，也给人留下了深刻的印象。

常氏家族是相声界相声演员最多的家族。从常连安开始，常氏家族相声艺术代代相传，前后四代，涌现出著名的相声演员十几位，为中国的相声艺术做出了重要贡献，是著名的相声世家。

14. 聂耳得名趣话

中华人民共和国国歌《义勇军进行曲》的曲作者、著名作曲家聂耳，1912 年出生在云南昆明市的一个清贫医师家庭，小名叫嘉祥，学名聂守信，字子义，含有守信重义之意。

聂守信自幼喜爱音乐，20 世纪 30 年代进了上海明月歌舞社，当了一名小提琴手。这时，他改名为聂紫艺。

聂紫艺耳朵特别灵，有一手模仿的特技，他常常把周围同事的方言土语、言谈举止、面貌形态模仿得惟妙惟肖，逗得大家捧腹大笑。因为他的姓"聂"

聂耳与小演员黎铿在一起。

由"三个耳"组成，听觉又特别灵，于是，有人给他起了个绰号叫"耳多"，并戏称他为"耳朵先生"。

有一次，明月歌舞社参加联华电影厂总经理罗明佑的祝寿活动，聂紫艺表演了一个名为"非洲博士"的节目，内容是学各种人的讲话腔调，以及日本人的训话和口技等，演出非常成功，罗明佑很高兴，给他送来一个大花篮，上写"送聂耳博士"。聂紫艺看了很高兴，风趣地说："他们硬要把一只耳朵送给我，也好，也好，你看，四只耳朵连成一串不是像一个炮筒吗！"从此，他就开始使用聂耳这个名字了，并常用这个名字发表文章。时间久了，人们只知他叫聂耳，而不知他还叫过聂守信和聂紫艺了。

1934 年 7 月 17 日，年仅 24 岁的聂耳在日本神奈川县鹄沼海滨游泳时，不幸溺水身亡。日本藤泽市为纪念这位年轻的音乐家，在其殉难处修建了一座巨大的纪念碑。纪念碑的形状是一只大耳朵，纪念碑的铭文，引用了法国著名诗人约翰·可拉托的诗句："我的耳朵宛如贝壳，怀念着大海的涛声。"诗句寓意聂耳有着非凡的耳朵，能听到大地深处的音响，传给人们最美的声音。

聂耳的艺术生涯是短暂的，但却给人们留下了大量充满革命激情的革命歌曲。郭沫若曾称赞他是"革命的号角，时代的鼙鼓"。

有意思的是，有一位作曲家，为了继承和实践聂耳的理想，将自己的原名朱荣实改名为"践耳"。这位作曲家说："我原来的名字叫朱荣实，接触并爱上了聂耳的歌曲后，才改名践耳的，意思是：走聂耳的道路，实践聂耳的理想。"

15."周璇"这个名字和"金嗓子"称号的来历

被人们誉称为"金嗓子"的周璇，是我国著名的女电影演员、歌唱家。

1919年，周璇出生在常州的一个姓苏的知识分子家庭，父亲为她取名苏璞。周璇童年经历非常悲惨，3岁时被她抽大烟的舅舅拐骗到金坛县的王家，后又被送给了上海的周姓人家。12岁时进了上海明月歌剧社。当时，她叫周小红，几乎是一个文盲。但她聪明伶俐，勤奋好学，剧团里的人们都很喜欢她，给了她很大帮助，加上她天资聪慧，进步很快，演技有了很

周璇的艺名来自一句歌词。

大提高。有一次剧社演《特别快车》，主演因故没能出场，导演让她顶上去，结果她表演得非常成功，其艺术才能初露头角。

1932年，"一·二八"事变前不久，周小红在一次演唱会上演唱了爱国歌曲《民族之光》，唱得非常出色，尤其是歌中"与敌人周旋于沙场之上"这一句，她唱得格外坚定有力，博得全场雷鸣般的掌声。社长黎锦晖也被她的出色演唱所感动，握着她的手激动地说："上海妹子了不起，依我看，你就叫周旋吧！"小红也很喜欢这歌词，很高兴地接受了这个名字。从此，大家都叫她"小旋子"。

后来，她转入电影界，在拍摄《风云儿女》时，有人建议她用

"璇"代替"旋","璇"与"旋"同音，既保留了原来的发音，又含有纯洁如玉的寓意。她认为这一建议很好，于是正式改名周璇。

周璇16岁那年，被电影艺术家袁牧之选为《马路天使》女主角。她在这部电影中成功地塑造了一个上海旧社会底层贫苦歌女的艺术形象，受到人们赞赏。尤其是她的歌唱得"又甜、又松、又柔"，更受人喜爱，于是人们给了她"金嗓子"的美称。这一美称随着她的歌声迅速传开了。

但正当周璇艺术青春绽放光华时，却连遭厄运。先是夫妻不和。她1937年结婚，婚后发现丈夫对她并无感情，而且不断在经济上对她欺诈，后费尽周折才于1940年离婚。抗战胜利后，她又被人怂恿去香港拍摄《清宫秘史》，受到恶势力的包围，精神和生活上都受到摧残和欺骗，曾一度精神失常。

1950年，她在朋友的关心下，回到上海，曾参加电影《和平鸽》的拍摄，正当其艺术才华得到重新绽放时，却不幸于1957年患脑炎病逝，时年还不到四十岁。

周璇的生母叫顾美珍，早年参加革命，新中国成立后，曾多次来上海找过自己的女儿，后来知道周璇就是自己的女儿，但却没敢公开认。这是因为要认周璇，必须说出周璇舅舅，周璇舅舅不仅吸过大烟，还当过警察局局长。这种历史问题在当时如果说出来，影响是很可怕的。所以，顾美珍一直没敢公开认自己的女儿。1957年，顾美珍从报纸上得知周璇病重住院，她再也坐不住了，于是，匆匆办了提前退休手续，赶到上海认亲。当她说出周璇腹部有一块胎记时，周璇所在上影厂的领导觉得可信，特地安排了她与周璇相会。但考虑大喜大悲会影响周璇的病情，相会时没有说明身份。不久，周璇病逝，这也让她们母女相会成了永别。

16. 胡蝶的艺名是借用来的

胡蝶是我国早期影坛上一位很有影响的演员，被誉称"影后"。她一生拍过二三百部影片，创作了众多的银幕形象，国外赞誉她是"中国的嘉宝"。

胡蝶祖籍广东鹤山县，1908年出生于上海，小名宝娟，学名胡瑞华。胡蝶之名是她报考电影学校时，顶替一位名叫"胡蝶"的学员的空缺时借用来的。

胡瑞华17岁那年，正赶上上海中华电影学校招生，她决心前去报考，但当她前去时，考期已过，名

著名电影演员胡蝶，原名胡瑞华，其"胡蝶"艺名是她报考电影学校时，顶替一位学员的空缺借用来的。

额已满，学校不再招收。胡瑞华非常难过，苦苦要求校方能给她一个机会。当时学校的校长和几位知名教师见这位少女要求入学的心情如此迫切，又见她仪表端正，身材匀称，气质不凡，认为有当演员的天赋，有心收留她，但当时录取名单已公布，无法解决。

正当学校为难之时，发生了一起退学事件，这给胡瑞华提供了机会。

原来，公布的录取名单中有一位名叫胡蝶的学员，她丈夫得

知她报考了电影学校并被录取后，大为恼怒，带领家人赶到学校，要回了胡蝶的照片和入学通知书，并诬蔑学校"拐骗有夫之妇"。胡蝶当众斥责丈夫无理取闹，其丈夫一怒之下，用香烟烫伤了她的面部，强行将她带回家。学校对此十分气愤，随即决定取消这一名额让胡瑞华顶替，仍用"胡蝶"之名。这样，胡瑞华便借用"胡蝶"之名被破格录取了。后来，"胡蝶"也便成了胡瑞华的艺名。

胡蝶进入电影学校后，刻苦努力，加上天赋，很快显示出超凡的艺术才华。1925年，她参演第一部影片《战功》，一举成名。后来，她主演的《歌女红牡丹》《白蛇传》《孟姜女》《百合花》《儿女英雄传》等影片也大获成功，并引起了轰动。

当年那个被丈夫硬从电影学校拉走，失去从艺机遇的胡蝶，看到现今的胡蝶的成就，心情十分复杂，后来她改名叫"胡送蝶"，并和丈夫离了婚。抗战时期，胡送蝶在重庆还曾拜望过胡蝶。两人相见，非常亲切，临别时胡蝶还送胡送蝶一幅她的生活照，照片上写有"胡蝶大姐惠存，妹胡瑞华"。在题字上，她仍用胡送蝶的原名胡蝶，而自己署的也是原名胡瑞华。

退出影坛的胡蝶随丈夫去了香港，后又去了台湾，晚年定居在加拿大。

1989年3月23日，胡蝶在外出途中不慎跌倒引发了中风，一个月后与世长辞。去世前，她留下的最后一句话是："胡蝶要飞走了。"

17. 牛犇艺名的来历

在中国电影界，有一位著名演员叫牛犇。牛犇的成名得益于电影艺术家谢添的推荐。他本名张学景，牛犇是谢添为他起的艺名。

张学景和谢添都是天津人。张学景小时聪明机灵，很有艺术天分，接受能力很强，谢添很喜爱他。在张学景 13 岁时，中央电影制片厂要拍一部《圣城记》电影，需要一位演村童"小牛子"的演员。谢添认为张学景演这个角色很合适，就将他推荐给导演沈浮。沈浮让他试拍了几个镜头，发现这个孩子很有演戏才能，就决定录用他。结果，他表演得非常成功，也因此受到了人们的喜爱。张学景属牛，又演了"小牛子"，所以，大家都亲切地称他"小牛"，他也从此开始了银幕生涯。

张学景演戏很认真，对艺术的追求很有股韧劲，进步很快。谢添看到他的进步很高兴，想到这个孩子是从演"小牛子"这个角色开始演员生活的，又是属牛的，对艺术又有一股韧劲，很希望他继续努力，有所成就，于是便围绕"牛"字给他取了一个有激励性的艺名"牛犇"。"犇"是"奔"的异体字，是急走和跑的意思。谢添为他取这个艺名，是激励他使足牛劲，努力拼搏，不断前进，寄寓了老一辈艺术家对他的殷切希望。张学景也很喜欢谢添为他起的这个艺名，并表示决不辜负他的期望，一定要做一条奔腾不止的艺术之牛。

牛犇，又因其名有 4 个"牛"字，所以同志们也亲切地叫他"四牛"。对此，他也乐于接受，视其为昵称。

18. 谢添名字的含意是"谢天谢地"

　　著名电影艺术家谢添1914年出
生于天津一个铁路工人家庭。他的父
亲谢商霖是一位喜爱艺术、精通各种
乐器、喜欢画画的工人。他的母亲也
是一位喜爱艺术、爱看电影的女性，
她把谢添带进了电影艺术的王国。后
来，谢添在他的回忆中说："没有我那
个电影迷的老娘，我是不会结识并迷
上卓别林、裴斯开登、芳瑞等喜剧演
员的。小时候，我的家境虽然并不富
裕，但是母亲为了让我多看几场电影，
总是偷偷地塞给我一点零钱。我自小
崇拜卓别林，后来钻研喜剧艺术，这

乐观幽默的电影艺术家谢
添，其名也让人乐，含有
"谢天谢地"之意。

都是和我的妈妈分不开的。"另外，他还受到他的街坊，后来成
为著名相声演员、被称为"小蘑菇"的常宝堃的影响，他们俩常
常能给大家表演一段让人捧腹大笑的相声。谢添就是在这样的环
境中逐渐成长起来，最终成为电影艺术家和喜剧大师的。

　　谢添生性乐观幽默，即使在"文化大革命"挨批斗时期，他
也保持着豁达乐观的态度，善于从艰难中寻找生活的乐趣。他常
说："人生就几十年，哭丧着脸寿命短，笑开了怀寿就来。"他常
常表现得像一个顽童一样，所以，人们送给他一个"老顽童"的

外号。

我们从他的名字中，也可看到他乐观幽默的一面。他原名叫谢洪坤。洪坤两字的第一个拼音字母为 H、K，他将这两个字母连在一起，成为 HK，侧转过来，便成为"天"字。再加上他的姓"谢"，就是"谢天"，取"谢天谢地"之意。这是多么有趣的名字，与他喜剧大师的称号是何等的相称！后来，他取其谐音将"天"改为"添"，更名为"谢添"。不过，有时他还喜欢用"谢天"两字。

谢添的名字富有情趣，很受人喜爱。有一次，文坛朋友相聚，谢添为一位好友斟酒，好友见谢添热情斟酒的举动，想到他的名字，突发灵感，笑付一联："谢谢谢添添酒"，要求在座的朋友续下联。由于来得突然，联又特殊，一时无人能对。后来，有一楹联高手借用商代名相比干对出了下联："比比比干干杯"。此联对得巧妙，人皆赞为妙联。

谢添兴趣广泛，多才多艺，既当演员又当导演，他主演的《林家铺子》中的林老板，导演的《洪湖赤卫队》《茶馆》《七品芝麻官》，至今仍在观众的心目中留有深刻的印象。

19. 艺人改名拾趣

演员和艺人一般都有一个响亮的、引人瞩目的名字，它们的来历各不相同，多数都有讲究，且寓有深刻的含意，但也有一些名字的来历十分有趣，纯属偶然。

上海有两位著名的滑稽演员叫姚慕双、周柏春，两人虽不同姓，却是真真正正的亲兄弟。哥哥姚慕双原名姚锡祺，弟弟周柏春原名姚振民。

姚锡祺自幼爱看滑稽戏，渴望当一名滑稽演员。新中国成立前，他与一家私人电台的老板熟悉，经常到那里去看著名滑稽演员何双呆的演播，并偷偷学他的表演技艺。后来何双呆发现了他，认为他很有培养前途，就收他做了徒弟。姚锡祺仰慕何双呆的技艺和人品，于是改名叫姚慕双。姚慕双在何双呆的教导下，逐渐成了一位著名滑稽演员。

有一次，姚慕双在电台播音演出时，少了个搭档，他就叫其弟弟姚振民临时帮忙。姚振民当时正在上海一所重点中学读书，也很有表演才能，结果两人配合得非常成功，受到听众的一致赞扬。于是人们纷纷打电话或写信问姚慕双这位新搭档叫什么名字。姚慕双怕说出弟弟的真名字，影响弟弟的前途，于是决定用一个假名字应付一下。姚选用了母亲的"周"姓，名则将当时人们常用的"柏""鹰"两字变换了一下，用了"柏荫"两字。没想到在电台答群众问节目中，一时心急，说成"周柏春"了。播出之后，只好将错就错。从此，弟弟姚振民便改叫"周柏春"了，后来，周柏春也成了著名的滑稽演员。

著名喜剧演员韩非的得名与周柏春有点相似。韩非原名韩春霖，一次剧场上演活剧《阿Q正传》，正要开演时，一位演员因故缺席，这可急坏了导演，情急之下，导演将正在他身边的韩春霖拉上顶场。没想到韩春霖竟演得非常出色，导演非常高兴，韩春霖也由此进入了演员行列。当剧场排列演员名单时，他随口说道："我并非演员，就叫韩非吧。"

著名电影演员康泰的得名也很有趣。康泰原名刘秉璋。一次，他在话剧《重庆二十四小时》中扮演一个叫康泰的角色。这个康泰与刘秉璋的身世、气质颇为相似，所以他表演得特别成功，以至于不论他走到哪里，人们看到他便呼"康泰，康泰"。刘秉璋为自己的表演得到观众赞许而高兴和欣慰，同时也觉得"康泰"二字，既响亮又吉祥，于是干脆改名叫康泰了。

著名相声演员马季的得名也很有趣。马季原名马树槐，从小喜爱相声，后被相声大师侯宝林看中，进了中国广播说唱团。侯宝林认为，相声演员的名字应该响亮、顺口、好记，认为马树槐这名字有些绕口，建议他改个名。当时，北京正在放映匈牙利故事片《牧鹅少年马季》，片中的主人公马季深受人们喜爱，成了当时家喻户晓的人物。正想改名的马树槐也很喜爱这个主人公，于是，便将自己的名字改为马季了。后来，随着他名声的提高，马季这个名字越来越响亮。而他的本名马树槐却很少有人知道了。

三 别号

1. "醉翁"欧阳修

欧阳修，字永叔，庐陵（今江西吉安）人，北宋著名文学家，"唐宋八大家"之一，其散文、诗、词都有很高的成就。

欧阳修有一个著名的别号叫"醉翁"，此号随他的千古名篇《醉翁亭记》而名扬中外。这一别号是他因参与范仲淹的政治改革失败被贬滁州太守时起的。欧阳修被贬滁州后，常去风景秀丽的琅琊山游览。山上开化禅寺主持僧人智仙为其在山麓修造了一座小亭，欧阳修十分喜欢，常和同僚来此饮酒赋诗，办理政务，但欧阳修酒量有限，常"饮少辄醉，而年又最高，故自号曰醉翁也"。他在《赠沈遵》一诗中也写道："我时四十犹强力，自号醉翁聊戏客。"那小亭也因此被命名为"醉翁亭"。围绕"醉翁"雅号，欧阳修还为人们留下一句"醉翁之意不在酒，在乎山水之间"的千古名句。他那以"醉翁"命名的《醉翁亭记》，更是一篇文笔流畅、语言简洁的散文名篇。后北宋另一位文学大家苏轼应当时滁县知州王诏之邀，重写了《醉翁亭记》，并由名匠刻于碑上，立于醉翁亭内。说起这块碑石还有一段历史。宋徽宗崇宁元年，即公元1102年，死后不久的苏轼，被列入了"元党籍"。他的政敌乘机上书朝廷，说苏轼为了沽名钓誉，到处书画刻石，实为不忠，徽宗立即下召，命尽皆毁之。滁州知州闻讯后，连夜派人将此碑石藏匿起来。当时，如运往远处，怕招摇过市，落个欺君之罪，于是，有人想了个办法，拆掉了附近一座桥上的几块石板，将碑石铺了上去。当京城的官员来到滁州时，见已做如此处理，也只好作罢。后来，苏轼得以

北宋文坛领袖欧阳修，别号"醉翁"，又号"六一居士"。他的"醉翁"别号，随同他的名篇《醉翁亭记》，早已闻名遐迩，流传千古。

平反，人们又将此碑从桥上取下，重新安置到醉翁亭内。这段历史不仅使这块碑石增添了传奇色彩，也使醉翁亭再增光辉，更加有名气了。

欧阳修还有一个别号叫"六一居士"。欧阳修在政治上历经坎坷和沉浮后，到了晚年，无意仕途，渴望过上平静悠闲的生活，他曾写过一篇《六一居士传》，其中写道："六一居士初谪滁山，自号醉翁，既老而衰且病。将退休于颍水之上，则又更号'六一居士'。客有问曰：'六一何谓也？'居士曰：'吾家藏书一万卷，集录三代以来金石遗文一千卷，有琴一张，有棋一局，而常置酒一壶。'客曰：'是为五一尔，奈何？'居士曰：'以吾一翁，老于此五物之间，是岂不为六一乎'。"从此，欧阳修便以"六一居士"自称，其作品也以此命名，如《六一诗话》《六一词》等。

欧阳修除"醉翁""六一居士"别号外，还有"欧九""逸老""庐陵"等雅号。只是这些雅号没有"醉翁""六一居士"影响大。

2．"坡翁"苏轼

苏轼是中国古代文坛上的一位才子。1057 年，苏轼和弟弟苏辙同时赴京参考，结果双双金榜题名，轰动一时。从此，苏氏父子名闻天下，世称"三苏"。当时的文坛领袖欧阳修十分欣赏苏轼的文章，说："读苏轼书，不觉汗出，快哉！老夫当避路，放他出一头地也。"这就是"出人头地"成语的来源。

苏氏弟兄的名和字，是其父苏洵精心为之取的，用字精巧，寓意深刻。苏轼名轼，字子瞻；其弟名辙，字子由。轼是古代车辆设在前面用来凭倚的横木。车缺了"轼"就不能发挥"凭轼而观"的作用，而"瞻"是"视"的意思。"轼"和"子瞻"结合起来，就是"登车你就凭轼而看吧"。其弟苏辙的"辙"是车轮经过留下的痕迹，"由"含有凭借和从的意思。"辙"和"子由"合起来，就是"下车你就沿着车痕走吧！"苏洵为两个儿子起这样的名和字，是希望他们能成为有益社会、忠于职守的人才。两个儿子没有辜负父亲的期望，都成就了一番事业。

苏轼喜戴斗笠，登木屐，故有"笠屐翁"之雅号。

苏轼自幼多才多艺，在文学方面的成就非常突出，但在政治上却多有波折。王安石变法时，他因与王安石某些政见不合而被

苏轼号"东坡居士"。这是他以"东坡居士"署名的墨迹。

贬职，司马光重新掌权之后，他又因反对他们不分是非地全面废除新法而遭打击。

在湖州时，他因不满当地豪强官吏横行霸道而写了一些讽刺诗，被人诬陷诽谤朝廷而投入大狱，差一点被杀了头。被释放后，又被贬到黄州当了一个小官。在黄州，苏轼靠朋友帮助得到一块地，自己耕种，并在东边山坡上盖了一间屋子住了下来。因那个地方叫东坡，于是，他给自己取了一个号叫"东坡居士"，也称"坡翁"。

还有一种说法，是说苏轼取号"东坡"是因为敬慕唐朝大诗人白居易及他在忠州东坡的生活。白居易在由江州司马转任忠州刺史时，曾在城郊东坡种了不少花木，写了不少有关东坡的诗句，陶醉于当时的生活。苏轼被贬黄州后，境遇与白居易相似，他感慨自己与白居易同是"始得名于文章，终得罪于文章"。恰巧自己所得之地盖屋之处也称东坡，于是便自号"东坡居士"了。

苏轼很喜欢"东坡居士"

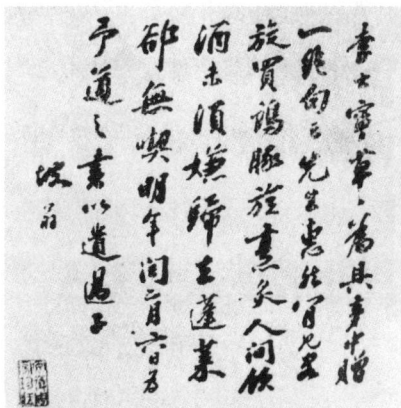

苏轼还喜欢自称"坡翁"，这是他署名"坡翁"的墨迹。

这个号，但他更喜欢称自己为"坡翁"。他的儿子也因此被人称为"小坡"。从他传世的墨迹上，人们可以看到，他有时用"东坡居士"，有时用"坡翁"。

苏轼喜欢戴斗笠、蹬木屐，执手杖，故有"笠屐翁"雅号。有人还为他画了一张"东坡笠屐图"，别有情趣。

除自己起的号外，苏轼还有许多世人赠予他的雅号。如他喜欢结交有文才的和尚道士，并对佛教、道教有研究，佛家便给了他一个"妙喜老人"的号。人们还根据他的籍贯、外貌、装束等，给他起了"眉山公""长帽翁""秃鬓翁"等雅号。

3. "放翁" 陆游

陆游，字务观，号放翁，是我国南宋著名爱国诗人。

陆游的名、字、号都有一番来历。他的名和字是其母亲因敬仰秦观给他起的。秦观，字少游，是北宋著名词人兼诗人，词和诗都写得很出色，很受苏轼赏识，是著名的"苏门四学士"之一，曾任北宋国史馆编修，人品才学出众，很有点名气。陆游的母亲很敬仰秦观，希望自己将来生个儿子也能像他一样成就文章功业。说来也怪，陆游出生时，她恰恰梦见了秦观，这使她非常高兴。于是便依照秦观的字给儿子取名陆游，并取字"务观"，意思是虚心向秦观学习。

著名爱国诗人陆游，晚年自号"放翁"。此号来历，自有一番悲愤经历。这是收藏在中国历史博物馆中的陆游画像。

陆游"放翁"别号则是他52岁时为自己起的，意思是自己是一位自由自在、不受约束的老人。

陆游生活在南宋，一生主张抗战，收复中原，他的《示儿》诗，"死去原知万事空，但悲不见九州同。王师北定中原日，家祭无忘告乃翁"，突出表现了他的爱国情感。但当时的南宋王朝却苟且偷安，无意收复中原。陆游的抱负得不到施展和实现，仕途坎坷，这使他感到激愤和苦闷，经常出入歌楼酒店借酒消愁。这遭到了一些同僚的攻击，说他不拘法礼，饮酒颓放。当朝廷调他去嘉州做官时，这些人又上书朝中官员，致使朝廷以饮酒颓放罪名罢免了他的官职。陆游为此十分气愤和苦恼，生活更加放荡。此时的陆游，认为自己丢了官则成了一个无拘无束的人了，索性为自己起了一个"放翁"别号。他曾作词道："桥如虹，水如空；一叶飘然烟雨中，天教称放翁。"词作表达了他当时的心情。从此，陆游开始以"放翁"自称，人们也开始称他"陆放翁"。

陆游除"放翁"别号外，还有"笠泽渔隐""湖中隐士"等别号，意思是自己极愿做一个披蓑戴笠垂钓江湖的隐士。这些别号都反映陆游对当时政治的强烈不满和欲脱离尘世归隐江湖、做一个无拘无束老者的愿望。

4."痴翁"史忠

明朝时,金陵（今江苏南京）有一位著名的画家叫史忠,史忠为自己取过许多别号,这些别号都与"痴"有关,像"痴翁""痴仙""痴痴道人"等,还为自己的住处起名"卧痴楼"。这是什么原因呢?说起来很有意思。

史忠本名徐端木,史忠是他后来改用的名字。史忠小时候有些木讷,17岁才会说话,长大之后,常常身披一件白布袍,头戴一顶方斗笠,还要插上花,坐在牛背上,一边拍手,一边吟诗,往来于闹市之中,旁若无人,别人嘲弄他,他全不当回事。人们称他为"史痴"。可令人惊奇的是,这个被人称作"史痴"的史忠却是一位吟诗绘画的天才,尤其是绘画,山水人物,花木竹石,

史忠署名"痴翁"的绘画作品。

他都会画，而且都画得精美无比。他最喜画云山，有云行水涌之妙。

开始时，史忠的画还不为人知，史忠则孤芳自赏，他曾写诗道："名画书法无识者，良金美玉恍精神。世上纵有空青卖，百斛难医眼内尘。"诗文的意思是说，凡夫俗眼，都被尘灰所蒙住，看不懂他的书画，就是有再多的治眼疾的良药，也难使其眼明识真。后来，人们逐渐认识到了他的画的精美，他的名气也越来越大，最终成了金陵一带著名的画家。

史忠因为人们称他"史痴"，便干脆以痴为名，自称"痴翁""痴仙""痴痴道人"，并将自己的住处称作"痴楼"，还自题"痴楼"道："余年六十矣，发白精神尚健快。闲处终日，高卧痴楼。蒸香煮茗，四望皆远山拱翠，飞鸟时鸣，不留繁杂之冗。静观自得，车尘马足，了无所系于心。贫处如常，足以乐矣！"

史忠出名后，人们仍喜欢以"史痴""痴翁"等带"痴"字的别号称呼他。有一次，史忠去苏州拜访著名画家沈周，拜访时，恰遇沈周外出。在沈周的画室，史忠看到有一块绷好的待画的白绢，一时兴起，随手就在上面了一幅山水，画完连名也没题就走了。沈周回家，一见此画，便惊叹道："吾阅人多矣，吴中（苏州）无此人，非金陵史痴不能也。"遂派人四处寻找，找到后，将他邀到家中留住了三个月。此事足以说明"史痴"之名的影响。

"痴翁"成名后，仍时有痴态流露，做出一些令人发笑的趣事来。

他的女儿长大成人要出嫁时，因夫家家贫不能置办财礼，而无法迎娶，史忠竟瞒着女儿，以带她去观灯为名，和妻子一起把她送到了夫家，然后取笠而别。这在封建礼教极为讲究的时代，确实是一件新鲜事。

史忠 80 岁时，还搞了一场闹剧，他为自己出"生殡"，还约了许多亲友从南京城里一直送殡到聚宝门外他的墓地，他也夹杂在其中。大约又过了一年，他真的死去了，而且是无疾而终。这位痴画家真是有趣，至死之前还要显示一下自己的痴态。

5．"髯翁"于右任

于右任，陕西三原人，著名的政
论家、书法家、诗人。于右任蓄有长
长的胡须，神态潇洒飘逸，人称"于
胡子"，更有人称他"于大胡子"。于
右任留胡须始于 1911 年武昌起义时，
那时因革命工作繁忙，没有时间刮胡
子，便开始蓄须，直到他 1964 年去
世，蓄须达半个世纪之久。于右任的
胡子很有名，据说 20 世纪 20 年代，
于右任曾和另一位美髯革命者曹亚
伯比赛过一次胡子。由吴稚晖担任裁

于右任蓄须半个世纪之久，
自称"髯翁"。

判，于右任的美髯飘拂，白如银丝，条条清晰，状若神仙，自然
胜出。抗战期间，于右任在重庆时，有一位孩童见他的胡子又长
又漂亮，感到很好奇，便向他提出了一个有趣的问题，问他睡觉
时，胡子是放在被子外面，还是放在被子里面。于右任平时还真
没有注意到这点。当夜，他睡在床上试了一下，一会儿把胡子放
在被子外面，一会儿又把胡子放在被子里面，但都感到不自在，
弄得他一夜都没睡好。此事一时传为笑话。

于右任很爱自己的胡子，为此，晚年还专门为自己起了一个
"髯翁"的别号，还常常将"髯翁"别号写进他的文章中，他的
《中吕·醉高歌》一文中，就有"镜里髯翁渐老"的句子。

1943 年 3 月 15 日，于右任在重庆的报纸上发表了一篇名为《太平海》的文章，主张取消"日本海"，正名"太平海"。他的这一观点引起了各方的关注，讨论热烈，人们也因此送他一个"太平老人"的别号，于右任很喜欢这个别号，为此，他还专门请杨千里为他刻了一枚"太平老人"的印章。此别号让人感到亲切和蔼，所以，人们也喜欢用"太平老人"称呼他。

于右任的书法造诣很深，早在 20 世纪 20 年代，便有"北于南郑（指郑孝胥）"之称。他的书法雄豪婉丽、冲淡清奇，尤其是他创造的标准草书，更是令人推崇。草书难认、难写，于右任则以易识、易写、准确、美丽为原则，将其整理成系统的草书代表符号，集字编成了《标准草书千字文》，他的标准草书做到了笔笔随意，字字有别，大小斜正，恰到好处，到了出神入化的境地，人们誉称他是"当代草圣"，日本友人则称他为"旷代草圣"。有一位叫金泽子卿的日本书法家，对于右任的书法艺术尤为崇拜，他千方百计地收集于右任的书法作品，珍藏于居室，日日欣赏研究，并将自己的居室命名为"宝于草堂"，后被于右任收为海外弟子。于右任去世后，他将于右任的遗像挂在家中，朝夕朝拜祭奠。1993 年，他还联合台北标准草书学会理事长李普同、中国标准草书学社社长胡公石等，在南京举办中国标准草书联展。

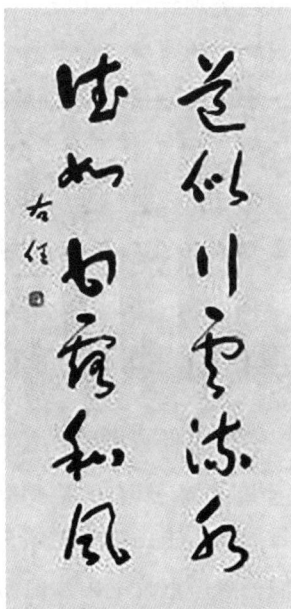

于右任的草书书法作品

人们都视于右任的书法作品为瑰宝，能为得到他的墨迹而庆幸。据说有一次，于右任挥笔写了一张"不可随处小便"的字条，贴在院外，以警示人们要注意卫生，不可随地小便。却不料这字条很快被人揭了去，揭去之人将其剪裁调整，装裱成了一帧"小处不可随便"的条幅，挂于自己的厅堂之中。此事后来被人传为佳话。

于右任为官清廉，生活简朴，他常年身穿土布袍子，脚穿土布袜子，在他家里除文房四宝外，没有一件像样的东西。于右任曾对人说："我生平没有钱，年轻时以教书为生，现在仅拿公务员的薪水，所有的办公费、机密费一概不受。我身上从不带钱，只有一个褡裢袋。别人的袋子是放银子的，我的褡裢袋只放两颗图章，参加任何文酒之会，或者有人馈赠文物，我别无长物以报，只好当场挥毫，盖上两个印就算了。"

周恩来总理生前曾称赞："于右任先生是位公正的人，有民族气节。"于右任到台湾后，仍心系祖国，他反对"台独"，盼望祖国统一，尤其到了晚年，思乡之情更重。1962年1月24日，他曾写下了一首令人为之动情的《国殇》："葬我于高山之上兮，望我大陆；大陆不可见兮，只有痛哭！葬我于高山之上兮，望我故乡；故乡不可见兮，永不能忘！天苍苍，野茫茫；山之上，国有殇！"其爱国思乡之情溢于言表。

于右任去世后，人们按照他的遗愿，将他安葬在台北最高的大屯山上，并在玉山顶峰为他竖立了一座高四米、面向大陆的半身铜像。玉山山势险峻，修建铜像的建材全由台湾登山协会会员们一点一点背上山，他们了却了于右任登高眺望故土的心愿。

6. "爬翁"钱玄同

原子能专家钱三强的父亲钱玄同，是我国近代颇具影响的学者、语言文字学家，也是五四新文化运动的先驱之一。

钱玄同，祖籍浙江吴兴（今湖州市），原名师黄，字德潜。

1904 年，钱玄同开始对清朝初期的音韵学家刘献廷"造新字"的学说产生了浓厚的兴趣，决心在他的基础上，将中国文字学的研究工作发扬光大。

后来，钱玄同去了日本留学。在东京，他受到了民族革命思想影响，并在章太炎的介绍下加入了同盟会，在这期间，他曾为自己取过一个"汉一"的别号，后又改名"钱夏"。《说文解字》上说："夏，中国之人也"，这与他曾取过的"汉一"别号相应，表示自己是堂堂正正的华夏子孙。

五四时期，钱玄同积极参加了新文化运动，思想上也发生了很大变化，由复古转为反复古，彻底否定封建文化，而且表现得极为激烈。他曾说："两千年来用汉字写的书籍都无是处"，"两千年来的国粹无一是处"，"要祛驱三纲五常的奴隶道德，当然要以废孔学为唯一之办法"，并说"共和与孔经

钱玄同是我国近代著名学者，他曾多次改名和取字。这些名和字，反映了他一生的思想变化过程。

是绝对不能并存的"。这时他给自己起了个别号叫"疑古"，并更名玄同。"疑古"本是著名史学家刘知几《史通》中的篇名，他使用这一别号是表示要"用历史的眼光来研究批判一切古籍"。当时，它给人题字署名用的就是"疑古玄同"，鲁迅也将"疑古玄同"作为钱玄同的别号称呼他。后来，他还用"疑古"的谐音衍化出夷罛、逸谷、怡谷、忆菰等别号。

钱玄同还有两个很有趣的别号，一个是"爬来爬去"，一个是"金心异"。

"爬来爬去"这个别号是鲁迅和许寿裳给他起的。这是因为在日本听章太炎课的学生中，他最活跃，同学都称他"话匣子"。他在听课时，总是坐不住，谈话时，总是指手画脚，像是在座席上爬动，所以鲁迅给他起了个"爬来爬去"的别号，通信时，称他"爬翁"。后来，这个别号传开了，很多同学在开玩笑时，就直呼他为"爬翁"。

"金心异"则是小说家林纾为他起的。林纾反对五四新文化运动，是位守旧派人物。他对当时在北大任教的陈独秀、胡适和钱玄同反对旧礼教、旧文化的言行非常反感。他要求北大校长蔡元培撤换他们三人，在遭到拒绝后，他便写小说谩骂泄愤。在小说中，他用田必美影射陈独秀，用狄莫影射胡适，用金心异影射钱玄同，钱玄同也因此有了"金心异"的别号。鲁迅就曾多次借用过这个别号称呼钱玄同。鲁迅在《呐喊》自序中就直称钱玄同为"金异兄"，在给他的信中也称他"金异兄"，在给朋友的信中还称他"金公"。鲁迅借此别号反其意而用之，正是对钱玄同在"五四"时期反复古中的贡献的肯定和赞扬。

7."粪翁"邓散木

邓散木是我国著名金石书法家。他原名铁，字钝铁，小名菊初（因他生于农历九月初，正是菊花初开之时，故父母为他取此小名），学名士杰。时人以"南邓北齐（白石）"称誉他的书法篆刻艺术。其草书被著名学者金松岑称为"近百年来独步"。台湾媒体则称他为"当代书法巨擘"。

邓铁为人清高孤傲，常有一些古怪行为。章士钊曾作诗说他是"畸人畸行作畸字，矢溺有道其废庄"。

20世纪30年代，他因书法篆刻名闻上海艺苑后，社会上有许多人慕其名而将自己的名改为"铁"。一时间，社会上到处可听到名叫铁的人，这使邓铁很厌烦，于是，他为自己取了个"粪翁"的名字（实际是号），以明于世，这一来果然无人仿效了。邓铁不仅为自己取了个"粪翁"的名字，还将其在上海山海关路的居所改称为"厕间楼"。他举办个人书法篆刻展览时，还常用厕所用的手纸做成请柬，报上登消息，有时竟写上"看粪展""尝粪一勺"。其实，"粪"字含有粪除之意，粪除即打扫、清扫、涤荡瑕秽，如《左传·昭公三年》中"小人粪除先人之敝庐"，

精于书法、篆刻，性情孤傲的艺术怪才邓散木。其号也怪，曰"粪翁"。

137

就是指清扫房屋的意思。邓散木特意在粪上加一撇，将粪写成"棄"，并说："天下杂草污秽，遍地皆是，不打扫打扫还成？"但社会上总认为粪是污物，用以署名似不太雅。曾有一富商求字，一高官求书墓志，要求邓铁改署名，都遭邓铁拒绝。但也有例外，邓铁与著名学者金松岑交谊很深，两人常小酌于上海各寺院，论文谈艺，很是投机，一日金松岑提出要邓铁为其写一副对联，但不能署"粪翁"。邓知金的用意，便请求他赐名，

这是邓散木怪号"粪翁"的写法。他在"粪"字上加了一撇。

金即以"散木"赠之。此名典出《庄子·人间世》，是说某种树名散木，以不材终天年，这里是取其不材为用之意。邓铁对此名（实为号）非常满意，从此之后，便以邓散木自称了。

邓散木的古怪行为很多。如他在结婚时，在洞房门口挂上长锭，壁上贴着一撕为二的一元钞票，来了朋友就把两个半张对起来买酒喝。他成名之后，社会上各种团体和人物不断发来请柬，或请他赴宴，或请他演讲，或请他写字篆刻。对此，邓散木非常厌烦。他将送来的请柬一一撕了，并在自己的"厕间楼"外贴了一则"款客启事"："去不送，来不迎，烟自备，茶自斟，寒暄款曲非其伦，去，去，幸勿污吾茵。"这一招还真灵，从此之后，很少有人再无端打扰他了。邓散木不听戏，不看电影，不坐汽车，喜欢邀朋友畅饮。畅饮时，又常常借酒发牢骚、骂人。1935年，他和徐悲鸿在南京的一所酒楼痛饮，两人边喝边骂时政腐败，结

果把邻座都吓跑了。

邓散木很敬仰著名作家老舍，两家往来很多。有趣的是，邓散木与老舍同岁，邓散木的夫人张建权与老舍夫人胡絜青也同岁，而且邓散木的长女、小女与老舍的长子、小女竟然也同岁。

20世纪60年代，邓散木因血管堵塞，截去了左下肢，但他并未因此沮丧，而是乐观地为自己起了一个名字"一足"（实为号），表示自己虽只有一只脚，但足矣。然而，祸不单行，后来他右手腕又出了毛病，无法执笔握刀，于是他改用左手书写篆刻，经过努力，不仅不亚于右手所写所刻，而且还透露出一股奇倔之气，被人视为奇迹。

新中国成立后，邓散木为新政权的革命气象所感染，不再以"粪翁"为号，他为自己刻了"孺子牛""为工农"等印章，表达了自己为人民大众服务的新思想。1965年，邓散木为毛泽东治了一方印章，此印呈立方体，石制，明黄色，顶部镂空琢双龙，印的边款刻有"1965年8月，敬献毛主席，散木缘时六十有六"字样。此印现保存在韶山毛泽东纪念馆。

8. "桑苎翁"陆羽

陆羽，我国唐朝复州竟陵（今湖北天门）人。字鸿渐，名疾，号竟陵子、桑苎翁、东冈子、茶山御史，是我国著名茶学家，被誉为"茶仙"，尊为"茶圣"，祀为"茶神"。

陆羽瓷像

陆羽一生颇具传奇色彩，他的身世、名字、别号都有故事。

相传，陆羽生下来就被父母弃之水边，后被龙盖寺住持智积和尚发现。一天傍晚，智积和尚正在复州竟陵的西湖边散步，看到不远处的西湖桥边停着一只雁，雁在不停地鸣叫，好像在对人说话。智积和尚感到奇怪，走过去一看，大雁翅膀下竟然睡着一个婴儿。智积和尚萌发了善心，他便将此婴儿抱回庙里抚养，取名"疾"。

当年智积和尚发现陆羽的小桥，后来被人称为"古雁桥"，附近的街道称"雁叫街"，遗迹至今犹在。

陆羽在竟陵的西湖被智积和尚发现，并被收留，抚养成人。陆羽长大后又长期生活在竟陵，出于对智积和尚的感恩和对故乡的热爱与眷恋，他为自己起了一个"竟陵子"的别号。

陆羽是个弃儿，自然没有姓名，智积和尚为他取的"疾"，也只能算个号。陆羽自幼聪明好学，长大后更是聪颖清雅，知识广博。长大后的陆羽决心为自己取一个有意义的名字。一日，他根据《周易》用蓍草为自己占卜取名，得渐卦，卦的爻辞是"鸿渐于陆，其羽可用为仪"，其意是鸿雁渐至陆地，其美丽的羽毛可用来制作用于礼仪的装饰物。陆羽认为，这是一个寓意深刻、富有吉祥之意的好卦。于是就用卦中的"陆"为姓，"羽"为名，"鸿渐"为字。就这样，一个名垂千古的名字"陆羽"诞生了。

陆羽喜爱大自然，迷恋于山林，嗜好茶叶，研究茶事。为此，他曾四处云游，深入浙江、江苏、广西等产茶区考察，回来后，便潜心研究茶史，埋头撰写《茶经》。《茶经》写成后，在书法家颜真卿的帮助下得以出版，并很快流传开来。

《茶经》是我国第一部总结茶的历史、茶的种植技术、饮茶工具、品茶技艺等方面的专业著作，也是世界上第一部茶书。对我国茶叶生产与发展，对我国茶文化的形成和发展起了重要作用，人们也因此尊称他为"茶神"。

陆羽不仅对茶有研究，对烹茶用水也极有研究。传说，有一次，久仰其名的湖州刺史李季卿邀他来府中品茶。品茶时，李季卿问陆羽："煮茶用什么水最好？"陆羽说："山泉水最好。"李又

陆羽论茶图

问："天下名泉以何处为好？"陆说："扬子江上的南零水。"为了验证陆羽的话，李季卿便命两名家人去南零取水，两名家人奉命取水，回来的途中，因船身晃动，桶中的水溢出不少，两家人怕受责备，便随便取了些江水添上。到府上后，陆羽用木勺舀水时说："这不是南零水。"两家人开始时不认账，当水倒出一半时，陆羽说："这才是南零水。"两家人听后，大为惊奇，深为震惊，连忙叩头认罪。李季卿也被陆羽的辨水才能所折服，连称神奇。人们也越发敬佩他，称他为"茶仙""茶圣"。

陆羽踏遍了江南的茶山，对茶有精深的研究，是品鉴茶事的权威，所以，人们还给送给他一个"茶山御史"的别号。

陆羽还为自己起过一个"桑苎翁"的别号。桑，即桑树，苎，即苎麻，种植桑树与苎麻是泛指农桑之事，陆羽为自己取别号"桑苎翁"，意思是说自己就是一个平凡的从事农桑的老翁而已。

陆羽一生淡泊清雅，酷爱自然，鄙视权贵，起别号"桑苎翁"，也正是他这种心境的体现。这种心境在他的《六羡歌》中体现得更突出。他在《六羡歌》中写道："不羡黄金罍，不羡白玉杯，不羡朝入省，不羡暮登台，千羡万羡西江水，曾向竟陵城下来。"

后人对陆羽的《茶经》和茶艺推崇备至，一直将他尊为"茶神"。在他去世不久，人们就将他的画像挂在茶库中，作为"茶神"供奉。到后来，茶作坊、茶店、茶馆都要供奉陆羽的画像或瓷像，以求"茶神"保佑他们吉祥发财。

中国历史博物馆收藏有一尊河北唐县出土的瓷像，瓷像"上身披着交领衣，下身着裳，戴高帽，双手展卷，盘腿趺坐，仪态端庄。"据专家考证，此瓷像就是"茶圣"陆羽。

9. 自称"走狗"的艺术家

"走狗"在现在许多人的心目中，是指那些受坏人豢养专事拍马溜须、帮人作恶的人，是一个令人讨厌的称呼。但在古代，"走狗"一词是中性词，并非那么可恶。司马迁《史记·越王勾践世家》中有一段文字是："飞鸟尽，良弓藏；狡兔死，走狗烹；敌国破，谋臣亡。"这里"走狗"就是指一般的狗或猎狗，没有贬褒的意思。更有意思的是，有人不仅不厌恶这个词，反而喜欢以"走狗"自称。尤其是艺术界，有不少艺术家自称自己是谁谁的"走狗"，这是反其意而用之。他们将"走狗"看作死心塌地地跟随主人、坚定不移地学习主人的意思。

清代著名画家郑燮（即郑板桥），诗、书、画皆绝，个性鲜明，被人誉为"扬州八怪"之一。他极为崇拜明代著名画家徐渭（号青藤），一生都在揣摩汲取他的诗词书画艺术特长，为此，他曾专门刻了一枚印章："徐青藤门下走狗郑燮"，以表示他心甘情愿地做青藤门下的忠实"走狗"。清代著名画家童二树在题青藤小像时写有一首诗，也谈到了郑燮甘愿做徐渭的走狗：

抵死目中无七子，岂知身后得中郎。

尚有一灯传郑燮，甘心走狗列门墙。

现代著名画家齐白石也表示自己要做徐渭（青藤）、朱耷（雪个）、吴昌硕（老缶）的"走狗"，他对这三位大师佩服得五体投地。他自叹"恨不生前三百年"，如果与他们同世，他就要为他们磨墨理纸，如果"诸君不纳"，他就"于门之外，饿而不去"。

为此，他在《老萍诗草》中写道：

青藤雪个远凡胎，老缶衰年别有才。

我欲九泉为走狗，三家门下转轮来。

这表示他不仅要做这三位艺术大师的"走狗"，还要在他们三家之中轮番地讨教，齐白石正是凭借着这种执着的精神，虚心地学习他们的艺术精华，为己所用，并在此基础上创立了自己的特色，终于成为享誉中外的艺术大师。

著名书法篆刻家邓散之，别号"粪翁"。他是一位颇有才气的艺术家，诗词、书法、绘画、篆刻皆精，时人以"南邓北齐（白石）"称誉他的书法篆刻艺术。邓散之的篆刻艺术是从师赵古泥学习的。赵古泥是清末民初的篆刻艺术大师，邓散之对其极为崇拜，他曾刻有一印"赵门走狗"，表示自己是赵古泥的忠实"走狗"，一定要紧紧跟随老师，忠于老师的艺术，将老师的技艺学到手。他学习非常刻苦，练习时，整天刻，刻了磨，磨了再刻，刻了再磨，直到领会了老师的精神才歇手。最后，终于成为享誉中外的篆刻名家。

当代著名连环画画家韩敏，也是一位才华横溢的艺术家，他不仅连环画画得好，文人画、仕女画、竹也画得出色，被誉为三绝。他十分崇拜郑板桥，潜心研究其画艺，汲取他的艺术精华，早年就以"板桥门下走狗"自称。他还写诗道"夜梦板桥笑我贫，醒来犹忆梦魂情"，表达了他对郑板桥的一番痴情。

10. 包拯"包龙图"等称号的来历

包拯是历史上的一个真实人物，生于 999 年，死于 1062 年，北宋庐州合肥人，即今安徽合肥人，字希仁。宋仁宗时，任监察御史，后任天章阁待制、龙图阁直学士。

包拯为官时，执法严峻，不畏权贵，断过许多大案，被人视为清官。经过旧小说、戏剧的宣扬，包拯名扬四海，深受世人推崇。

在传统的戏剧中，包拯被称作"包龙图"，也称"包黑子"和"包文正"。这几个称号都有来历，但都是传说，很难考证。

"包龙图"的名称，据传说是因皇帝宋仁宗给他画像而来。宋仁宗喜欢画画，善画肖像，包拯曾使宋仁宗母子团圆，仁宗对他很感激，加上包拯为官清廉，屡破要案，仁宗决定亲自为他画像，以示特别嘉奖。这张半身像因是皇帝画的，故称"龙图"。"龙图"不能随便挂，故仁宗又为他造了一座楼阁，把"龙图"挂在里面，这楼阁便称"龙图阁"。后来又封他为"龙图阁大学士"，从此，就有了"龙图阁"这一官职。

"包黑子"的称号有两种说法。

包拯又称"包黑子"，实际他的肤色并不黑，与常人一样，人们称他"包黑子"是对他的褒奖，因为人们将黑色视为威严和铁面无私的象征。

一是在戏剧中，包拯是一副完全黑色的打扮，黑头、黑脸、黑胡须、黑衣服，在人们的印象中，他是一个皮肤黝黑的人。《三侠五义》中写包拯初生时外貌黑漆漆的，7岁时起名就叫"黑子"，后改叫"黑三"，所以，民间就有了"包黑子"的叫法。还有一说是来自《梦溪笔谈》中的一个故事。故事说，漳州有条河叫乌脚溪，涉足者皆如墨。一日，龙图阁大学士梅公仪"梅龙图"渡乌脚溪，不慎坠入溪中，上来后变得"举体黑如昆仑"。后来，写戏人把这个故事由"梅龙图"移到了"包龙图"身上，把"包龙图"写成了浑身漆黑的"包黑子"。实际包拯的肤色与常人一样，根本不像戏剧和故事里描绘的那么黑。人们之所以这样描绘，是因为人们认为黑色是刚正无畏的象征，代表着威严和铁面无私，与包拯的身份和精神相吻合。人们称他"包黑子"，是对他的褒奖。

关于"包文正"的叫法，也是后人对他的褒奖。《七侠五义》中写道："宁老先生……给包公起了个官名。一个'拯'字，取意将来可拯民于水火之中，起字'文正'，取其'文'与'正'，岂不是'政'字么，言其将来理国政，必为治世良臣之意。"包拯本字"希仁"，小说中将其改为"文正"，自然是为了颂扬他，戏剧也采用了此说，于是"包文正"之名便叫开了。此名还有一个说法，是与北宋名臣范仲淹相关。范仲淹字"希文"，谥"文正"，包拯字"希仁"与范仲淹的"希文"只差一字。范仲淹是当时政绩突出、声望极高的大臣，为了提高包拯的形象和知名度，于是有人就将范仲淹的谥号用到了包拯身上，为他取了个"包文正"的名字。

11. 奸相严嵩的两个别号

提起明朝嘉靖年间的权相严嵩，人们都知道他是一个贪污纳贿、结党营私、陷害忠良的大奸相。但很少有人知道，他年轻时曾是一个刻苦读书、颇有追求的人。

严嵩自幼读书刻苦，练得一笔好字，写得一手好文章，25岁便考中了进士。他为自己起了个别号叫"介谿"。"谿"是"溪"的异体字，严嵩的家位于谿田之上，并有磐石横卧水中，严嵩很喜爱这一环境，这是他取别号为"介谿"的原因之一。另外，古时先哲取别号，虽取于自然景物，但都还寓有深刻含意，严嵩读书很多，自然懂得这点。"谿"还读"qī"，含虚、欺之意，"介谿"也作"戒"意，于是

明朝奸相严嵩写得一手好文章，他的两个别号也很有讲究。

"介谿"，便具有了做人要正直，勿做虚伪欺诈之人之意。由此可见，此时的严嵩尚还有古时读书人清高自律的品质，希望自己能做一个清廉正直的人。

严嵩开始担任的都是一些没有实权的官职。随着时间的推移，严嵩在官场混久了，其权力欲也开始膨胀，他已开始不满足那些没有实权的官位。为了取得高官实权，他绞尽脑汁，拍马钻营，寻找晋升的门路。他先是讨好受到皇帝宠信的礼部尚书夏言，据

说为了求见夏言，他曾长跪在夏府门前。后来在夏言的推荐下，他步步高升，很快当上了礼部侍郎。这个官职使他接近皇帝的机会多了，于是严嵩又想尽办法取悦皇帝。当时嘉靖皇帝迷信道教，常在宫中设道场做法事。每逢此时，严嵩便提前为皇帝准备好祈祷道仙的"青词"。严嵩很有文采，又是精心撰写，所以，所写"青词"很受皇帝喜爱。时间长了，皇帝感到离不开他了，于是严嵩的官职也随着不断升高，后来终于成了一人之下、万人之上的权相。

握有实权的严嵩，已不是当年起别号"介谿"希望自己能成为一个正直之人的严嵩了。这时的他已变得阴险狠毒，贪得无厌。吞占军饷、收受贿赂、陷害忠良，无所不为，甚至连推荐他的夏言也遭他陷害被杀。

严嵩的所作所为自然受到正直大臣的反对，大臣们曾多次向皇帝弹劾他，但都被嘉靖皇帝挡了回去。嘉靖十八年时，大臣们再次弹劾他，要求皇帝严厉制裁他。当时严嵩十分恐惧，但昏庸的皇帝不仅没有治罪于他，反而特意召见他，给予百般的慰藉，并对他说："卿勉尽忠诚，人言勿以介意。"危难之际，得到皇帝的慰藉，严嵩自是感激涕零、受宠若惊。此事过后，他便将自己的堂室命名为"恩勉堂"，并把自己的别号由"介谿"改为"勉庵"。从此，严嵩又多了一个"勉庵"别号。

严嵩最终还是被革职，家产被籍没，其子严世蕃被诛。他也于1567年病死。

12."东床快婿"王羲之

王羲之，字逸少，琅琊临沂人（今山东临沂）人，是我国东晋著名书法家，曾任右军将军和会稽内史，故世称王右军、王会稽。他的儿子王献之也是著名书法家，世人合称其父子为"二王"。王献之被人称为"小圣"。

王羲之自幼酷爱书法，少时，随卫夫人学习书法，后又师承张芝、钟繇、李斯、蔡邕等书法家，博采众长，冶于一炉，一变汉魏以来波挑用笔，独创圆转流利之风格，自成一家，影响深远。其书法平和自然，笔势委婉含蓄，遒美健秀，人们常用"飘若浮云，矫若惊龙""龙跳天门，虎卧凤阁"来赞美他的书法，并由此尊称他为"书圣"。

王羲之的隶书、楷书、草书、行书皆精。其行书作品《兰亭序》被人誉为"天下第一行书"，备受人们推崇。令人遗憾的是，他的真迹已难得见，我们所看到的，包括《兰亭序》在内，都是摹本，但即使是摹本，也精美无比，尽显"书圣"的魅力。

王羲之能言善辩，文章书法皆精，气度非凡，深受族叔王敦、王导所器重，他与王承、王悦并称"王氏三少"。

传说，王羲之的婚事也由书法而定，并由此得了一个"东床快婿"的别号。王羲之的叔父王导是东晋的宰相，与当朝

王羲之画像

太傅郗鉴是好朋友。郗鉴有一位如花似玉、才貌出众的女儿。一日，郗鉴对王导说，他想在他的儿子和侄儿中为女儿选一位满意的女婿，王导当即表示同意，并说可由他去任意挑选。王导回家后，将此事告知了诸儿侄，儿侄们久闻郗小姐德贤貌美、多才多艺，都想得到她。郗家来人选婿时，诸儿侄都忙着更冠易服精心打扮，唯王羲之不问此事，仍坦腹躺在东厢房床上专心琢磨书法艺术。郗家来人看过王导诸儿侄后，回去向郗鉴回禀说："王家诸儿郎都不错，只是知道是选婿都有些拘谨不自然，只有东厢房那位公子坦腹躺在床上毫不介意，只顾用手在席上比画什么。"郗鉴听后，高兴地说："东床那位公子必定是在书法上有成就的王羲之，正是我意中的女婿。"郗鉴于是把女儿嫁给了王羲之。王导的其他儿侄十分羡慕，羡慕他躺在床上竟得到了这位容貌出众的才女，于是便给他起了个"东床快婿"的别号。从此"东床"也成了女婿的美称了，人称别人的女婿为"令坦"也是由此而来。

13."五柳先生"陶渊明

陶渊明，名潜，字元亮，江西九江人，是我国著名的田园诗人。他的《桃花源记》和他赞美菊花的诗篇深受人们推崇，被千古传诵。

陶渊明出身名门贵族，曾祖父陶侃是晋代名将，祖父陶茂、父亲陶逸都做过太守。陶渊明年轻时，也曾胸怀大志，但仕途却屡屡受挫，只做过一些

陶渊明画像

微不足道的小官，到了41岁时，才当上了彭泽县令，但到任才81天，就遇到上司派督邮到彭泽县督察，小吏前来通知，要他前去拜见。陶渊明正要前往，小吏却提出要他更换衣服，穿戴整齐了再去，以示尊敬。这使陶渊明感到愤怒，他感慨道："吾岂能为五斗米（县令薪俸）折腰事乡里小儿。"一怒之下，他挂印而去，从此远离官场，过起隐居的生活。

他的归隐之处，环境清幽，有柳树五棵。于是，他便为自己取了一个"五柳先生"的别号。以树为别号，这也正是他性爱田园、淡泊名利的体现。

陶渊明酷爱菊花，归隐之后，与菊花结下了不解之缘，人们称他为"隐逸之宗"，称菊花为"花之隐逸者"。

陶渊明的隐居之处，远离尘嚣，风光自然，陶渊明十分喜爱。他在《饮酒》一诗中写道："结庐在人境，而无车马喧。问君何能尔？心远地自偏。采菊东篱下，悠然见南山。山气日夕佳，飞鸟相与还。此中有真意，欲辨已忘言。"诗歌描绘的就是他与菊为伴、悠然自得的隐居生活。菊花也因此有了"陶菊"的雅号，"东篱"也成了菊花圃的代称。北宋爱国词人辛弃疾就曾写有"岁岁有黄菊，千载一东篱"之句，表达了对陶渊明的赞美之情。

陶渊明种菊、赏菊、咏菊，写下了许多赞美菊花的诗篇。他在《和郭主簿》一诗中的"芳菊开林耀，青松冠岩列。怀此贞秀姿，卓为霜下杰"已成为吟赞菊花的千古绝唱。

《红楼梦》中的《咏菊》诗中写道："一从陶令平章后，千古高风说到今。"这里的"平章"指的就是陶渊明那四句咏菊绝唱，这绝唱已成为千百年来赞美菊花的经典，也使菊花成为坚贞不屈、高风亮节的最好象征。

陶渊明爱菊花爱得痴迷，甚至到了与菊花心心相通的地步。传说，他很希望菊花能集中在重阳节那天开放，结果他家的菊花真的就在九月九日那天一起开放了。这虽说是一个传说，但也足以说明陶渊明对菊花的用情之深。

陶渊明爱菊也爱喝菊花酒，菊花酒是将菊花和茎叶一起采收，加上黍米，酿制一年而成的。陶渊明用来招待客人的酒，就是这种自酿的菊花酒。相传，有一年他家的菊花酒酿好了，但当时家里穷得连滤酒渣的布也没有，陶渊明急中生智，摘下自己头上戴的葛巾当滤布，等酒滤好后，又将带着酒香的葛巾戴到头上。

还有一则陶渊明饮菊花酒的故事也很有趣。有一年，菊花盛开时，陶渊明来到菊园，看着满园怒放的菊花，却没有酒喝，只好空腹吃菊花。正在这时，只见远处有一位身穿白衣的人向菊园走来，原来是他的好友王宏给他送菊花酒来了。于是，两人便在菊园，就着菊花畅饮起来，直到酒醉而归。有一个成语叫"白衣送酒"，就是源于这则故事。

陶渊明一生爱菊，以菊为伴，以菊自喻，以菊寄情，人们因此封他为"菊花神"，还给了他一个"菊仙"的美称。

陶渊明去世以后，他的亲戚朋友有感他一生清雅高洁，淡泊名利，有气节，私下给他起了个"靖节"的谥号，并尊称他"靖节先生"，后人也多喜欢用这个高雅的别号称呼他。

14."濂溪先生"周敦颐

周敦颐是我国北宋时期著名的理学家、文学家，著有《太极图说》《通书》《爱莲说》等著作，是我国宋明理学的创始人之一。其学术思想被称为"上承孔孟，下启程朱"，有"周子"之称。

周敦颐酷爱莲花，他在庐山南麓星子任南康知军时，曾在军衙东侧挖了一个长宽各四十余丈的花池，专种荷花。每当荷花开放之时，他常常或独自一人，或邀三五同僚朋友漫步池畔，赏花品茗，也就是在这里，周敦颐被满池荷花怒放、荷香清幽飘逸的景致所感染，触发了灵感，写下了千古名篇《爱莲说》。《爱莲说》篇幅虽短，却字字珠玑，尤其是那"出淤泥而不染"更是备受人们推崇，成为人们洁身自好的千古名句。

周敦颐晚年，因年迈体弱辞官来到庐山莲花峰下的一小溪旁筑室定居讲学。这里的环境与周敦颐道州老家濂溪很相似，周敦颐很喜欢，尤喜欢那流水潺潺的小溪，于是便以老家之名，命名小溪为濂溪，将讲学之处称为"濂溪学堂"，自称"濂溪先生"。"濂"与"廉"谐音，含有清廉正直之意，这正是周敦颐一生所追求的。人们敬仰他，所以，"濂溪先生"也成了他千古流芳的别称。

有"周子"之称的北宋理学家周敦颐

说起"濂溪先生"这一别号，还有一段与周恩来总理相连的故事。

据考证，周恩来和鲁迅（周树人）都是周敦颐的后人，周敦颐的次子周焘是他们的先祖。周焘有三个儿子，其后裔迁居湖南、浙江、江西等地，迁徙到浙江的一支，成为周恩来、鲁迅的远祖。周恩来对于自己是周敦颐的后裔，早在 20 世纪 30 年代就有考证，这一说法，已被后来出版的《周恩来家世》[①]所证实。

周敦颐学识渊博，道德高尚，襟怀洒落，很受世人推崇。抗战时期，在重庆，国民党元老于右任和邵力子谈论历史名人时，常常谈到周敦颐，对他赞叹有加，还常常将周恩来与他相比，可能他们也知道周恩来是周敦颐的后裔，所以很喜欢用"濂溪先生"称呼周恩来。

用"濂溪先生"称呼周恩来还有一段珍闻。那是 1961 年，恰逢于右任在大陆的夫人八十大寿，于右任给香港的一位朋友来信说，他担心他不在大陆，夫人的八十大寿会很冷落。章士钊将这一情况告诉了周恩来。周恩来得知后，立即通知于右任在大陆的女婿屈武，让他以女婿的名义为于夫人做八十大寿，周恩来本人也准备了礼物，大寿办得很隆重，于夫人很高兴。事后，屈武想写信告诉于右任周恩来关心老夫人和他一家的情况，但又怕直接写上周恩来的名字被台湾方面的特务发现对于右任不利。于是他去请教邵力子如何写，邵力子为他想了一个妙法，即凡用周恩来名字的地方，都写成"濂溪先生"，说于右任看到"濂溪先生"，一定知道是指周恩来。于右任收到信后，果然理解"濂溪先生"就是周恩来。后来，于右任还专门转来信件，对周恩来表示感谢。这也成了一段历史佳话。

---

① 李永清：《周恩来家世》，北京：党建读物出版社，1998 年版。

15．"亭林先生"顾炎武

顾炎武，江苏昆山人，我国明清之际著名思想家、学者。他博学多识，对经学、史学、天文、地理、音韵训诂、金石都有研究，并多有创见。人们将他与黄宗羲、王夫之一起称为"明末清初三大儒"，也称"清初三先生"。

顾炎武治学注重考证务实，他在外出漫游时，总要用两匹马和两头骡子驮着书跟在后面，每到一地，就向老者询问该地的历史沿革，听到与他平日所知不一致时，就随意找个酒店或茶肆坐下来，打开书进行校勘，直到弄明白为止。他的这种无证不信的考据方法对后世影响很大，备受推崇。

顾炎武最有影响的是"天下兴亡，匹夫有责"这句名言，历来被视为是激励人们关心国家大事、勇于为国奋斗献身的千古名句，影响了一代又一代人。

顾炎武自幼富有正义感，14岁时就参加了"复社"反宦官权贵的斗争。顾炎武原名绛，字宁人。他平时十分敬仰南宋抗元英雄文天祥门生王炎武的忠贞品格。王炎武在文天祥抗元斗争失败被俘、敌人将他押往大都时，自知老师此去必遭杀害，于是一路追随，在其被押送所经过的地

顾炎武雕像

方，书写歌颂祭奠他的祭文，为老师举行生祭，十分感人。顾炎武出于对他的敬仰，于是改名炎武。

清兵南下时，顾炎武曾参加昆山、嘉定一带的人民抗清斗争。失败后，他曾六次从家步行到南京明孝陵，哭吊明朝开国皇帝朱元璋，往返数千里，不辞跋涉之苦。他又在漂泊各地途中，两次去北京昌平长陵哭吊明成祖朱棣，六次到明思陵哭吊明末代皇帝朱由检，表达对故国明朝的怀念。每年端午节，他还在门楣上悬挂红色蔓青与蒜青，并挂一块白布于后，上书"避青"二字，"青"指清朝，"避青"即厌恶清朝政权而避之，他还为此给自己取了个"避青先生"的别号，以示抗清之志。

顾炎武还有一个"亭林先生"的别号，这个别号的来历有两说。一说，顾炎武是江苏昆山亭林镇人，故用家乡之名称自己为"亭林先生"。另一说是，他早年游学来到吴郡时，得知这里是南朝文学音韵训诂学家顾野王的祖籍居地，因他当时也致力于文学音韵训诂学的研究，遂对顾野王产生了倾慕之情，于是，便借用顾野王故居中的亭林湖之名，为自己取了"亭林"之号，称"亭林先生"。顾炎武的著作多以"亭林"命名。顾炎武的家乡江苏昆山也以"亭林"之名纪念他，昆山最宽的马路叫"亭林路"，最美的公园叫"亭林公园"。

16."五斗先生"王绩

王绩是隋末唐初时期的著名诗人。王绩自幼聪慧有奇才，8岁时就能读《春秋左氏传》。他博闻强记，多才多艺，阴阳历数之术，无不精通。15岁时，他在长安拜见了隋朝的当权大臣杨素。当时，杨府高官满座，杨素没把他这个15岁的少年看在眼里，当和他交谈时，才发现他"瞻时闲雅，辩论精新"。这令杨素和在座的高官都大为惊讶，没想到他小小年纪竟如此博学多才，于是，都称他为"神仙童子"。

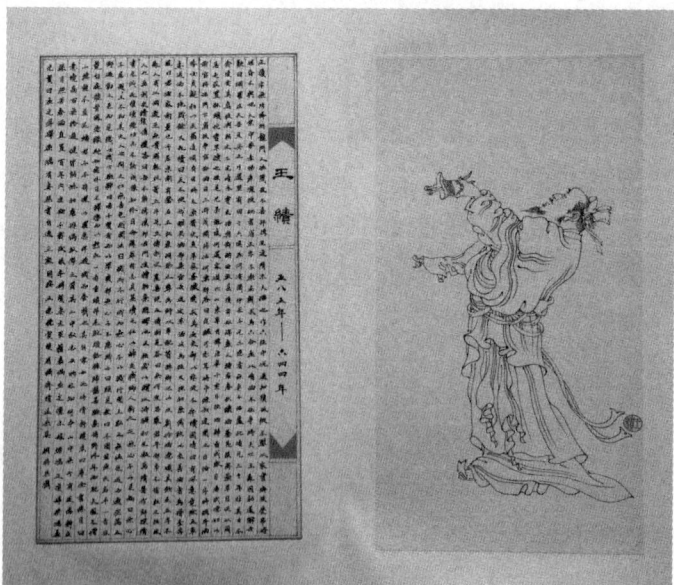

王绩画像

　　隋朝末年，王绩曾担任过秘书省正字、扬州六合县县丞等职。后感到天下要大乱，他便托疾，夜乘轻舟回故乡隐居去了。隐居期间，以种黍酿酒畅饮为乐。王绩崇尚老子和庄子，他外出游历时，常学老子骑着青牛，遇到酒店，就进去喝上几天。

　　王绩辞官归隐后，常去北山、东皋游览，东皋环境清幽，王绩很喜欢，为此，他给自己起了个"东皋子"的别号，他这个别号流传很广，人们也喜欢用此别号称呼他，后人将他的作品集结成集，书名用的就是"东皋子集"。北宋著名文学家苏轼还用他这个别号写过一篇著名的文章《书〈东皋子〉后》。这是苏轼被贬至广东惠州期间写的一篇杂文，文中苏轼将自己酿酒招待朋友为乐，与东皋子饮酒作乐相对照。表达了自己被贬后的一种坦然的心态。

　　唐朝时，王绩出任待诏，他对这一职务很不满意，只好以酒为乐。他的弟弟问他，待诏这职务可乐吗？王绩说，这职务俸禄很少，但每天能供三升好酒，虽然不多，还值得留恋。当时门下省的长官陈叙达是王绩旧日的朋友，听到王绩的牢骚话后，说三升好酒不够他饮用，就每日给他好酒一斗，王绩很高兴，人们也因此给他起了一个"斗酒学士"的别号。

　　王绩还为自己起了一个"五斗先生"的别号，并写了一篇《五斗先生传》。他在传中写了这个别号的由来。他说，凡用酒来请他的人，不论身份高低贵贱他都前往，而且必定喝醉，醉了，也不挑选地方，倒地便睡，酒醒后，又起来继续喝，经常一喝就是五斗，于是就用"五斗"作了自己的别号。

　　王绩的酒量很大。他恨自己不能与西晋的酒仙刘伶一起痛饮，还模仿刘伶的《酒德颂》，写了一篇《醉乡记》。他在文中构思了一个理想的美酒之乡，邀请了以饮酒著称于世的阮籍、刘伶、陶渊明一起畅游酒乡，在那里他们开怀痛饮，乐而忘返，个个成了酒仙。

后来，王绩因病罢官回乡。回乡后，他听说太乐有一个叫焦革的府吏很会酿酒，酿出的酒远近闻名。于是，他便提出要去太乐任职，经过努力这个目的达到了，到太乐当了县丞。但遗憾的是，王绩到太乐当上县丞不久，焦革便去世了。所幸，焦革的妻子很理解他，不断地给他送酒来。但不久焦革的妻子也死了，这使王绩非常难过。他仰天长叹道："这是上天不让我痛饮啊！"于是，他也无心再做官，再次挂冠归隐，从那以后，再也没出来做过官。

当时的名流李淳风还给王绩起过一个"酒家南董"的别号。"南董"是春秋时期齐国的史官南史和晋国的史官董狐的合称，这两位史官都以直笔不讳而著称，"南董"是指忠于史实的史官，"酒家南董"则是指对酒绝对忠实的人。这个别号对王绩来说，是再贴切不过的了。

17."青莲居士"李白

李白是我国文坛的一颗璀璨的明星、著名的浪漫主义诗人。他的诗雄奇豪放，想象丰富，意境奇异，备受人们喜爱与推崇，尊称他为"诗仙"。

李白"诗仙"称号，最早是贺知章提出的。贺知章初见李白时，见他气质非凡，一副仙风道骨的仪容，大为惊讶。当他读了李白的《蜀道难》一诗后，更是惊叹不已，连呼："公非人世之人，可不是太白星精耶？"意思是说，你不是人间的俗人，是太白星下凡，并直接叫他"谪仙人"，意思是上天下来的仙人。据说，唐太宗李隆基第一次见到李白时，也被他脱俗的仪容和非凡的风姿所震惊，竟忘了自己的万乘之尊，情不自禁地下辇车，步行前去迎接他，并让他坐到自己的龙床上，还亲自用调羹调汤给他吃。连皇帝都这样赏识他，这使他的名气越来越大，"谪仙"的称号也迅速传开了，最终有了"诗仙"之称。

李白曾为自己取了一个"青莲居士"的别称，这与他爱莲、崇莲有关。李白自称祖籍陇西成纪，即今甘肃静宁西南。隋朝时，其先人流寓到碎叶，其位置在今哈萨克斯坦境内的托克马克，李白就出生在

李白的名、字、号都有动人的故事和趣闻。

161

这里。李白 5 岁时，随父迁居到绵州昌隆（今四川江油）清廉乡。明代时，清廉乡改名为青莲乡，这里盛产青莲花，青莲花盛开，清香四溢，沁人心脾，这给李白的童年留下了美好的回忆，也是他起用"青莲居士"的原因之一。

李白非常喜欢青莲花，他常常以青莲花的清新品格自喻。他写过许多赞美青莲花的诗歌，"清水出芙蓉，天然去雕饰"是他的名句，诗人对青莲花的赞誉，正是其高洁品行、豪放性格的流露。诗人如此喜欢青莲花，起用"青莲居士"为号也就是很自然的了。

另外，李白自号"青莲居士"，与他信佛也有关。李白信仰佛教，"青莲"是佛教圣物，其色居于青、黄、赤、白四色莲花之首，意境很高，而"居士"则是不出家的虔诚信佛人，因此"青莲居士"是最能体现诗人敬佛的称号。

18.“樊南生”李商隐

李商隐是我国晚唐时期的著名诗人，他的诗富于文采，构思新奇，独具风格，深受人们喜爱。李商隐在诗坛名气很大，他与李白、李贺一起被人誉为"三李"，与温庭筠一起，并称"温李"，与杜牧一起，并称"小李杜"。

说起他的名气，还有一个有趣的故事。白居易非常欣赏李商隐的诗，白居易是中唐时期的著名诗

晚唐著名诗人李商隐。

人，比李商隐大 41 岁，白居易成名时，李商隐还没有出世。但是，当白居易晚年读到李商隐的诗时，却深深被他的诗才所打动，大有相识恨晚之感。后来，白居易终于见到了这位才华横溢的年轻诗人。相见时，两人谈诗论文，甚是投缘。谈话间，白居易深有感触地说，今生今世我是赶不上你了，我死之后能转生投胎做你的儿子，也就心满意足了。事有凑巧，恰恰在白居易去世那年（或次年），李商隐的夫人王氏生下一男孩，李商隐想到白居易生前说的那段话，便给孩子取了个小名叫"白老"，以示对白居易的怀念。后来，此事被传为文坛佳话，但可惜的是，这个"白老"却智商不高，长大后，更无半点诗情，温庭筠曾跟这个愚钝的小子开玩笑："让你做白居易的后身，不是辱没了他吗？"

说起李商隐的名字也有故事。李商隐的家族成员多短命，他的曾祖父李书恒只活了29岁，祖父李俌也没活过30岁。李商隐的父亲名李嗣，祖父为他起这个名字是希望他能长寿，为李家绵延子嗣。李商隐的父亲为他起名"商隐"也是希望他长寿。这个名字源于一个典故。相传，秦末汉初时，商山（今陕西商洛市境内）长期隐居着四位著名的黄老学者，年龄都很大，眉毛都白了，被称为"商山四皓"。刘邦久闻其大名，想请他们出山为官，但被拒绝了。刘邦做了皇帝后，在立谁为太子的问题上产生了动摇，想废除原太子刘盈另立之，张良为劝阻刘邦，便请来了"商山四皓"，让他们在宴会上立在刘盈身边，做出愿意辅佑刘盈的样子。刘邦见此状况，也就消除了改立太子的念头。待刘盈即位后，四人又悄然引退，重新隐居去了。

李商隐知道父亲为他取此名是希望他能像"商山四皓"一样，活到白发苍苍，成为一个长寿的人。

李商隐还为自己取过"玉溪生"和"樊南生"两个别号。这两个别号都与地名有关。玉溪是今河南济源市境内王屋山下的一条溪谷，这里环境幽静，李商隐青年时代曾在此附近修习道术，也许是很怀念这段经历，故给自己取了"玉溪生"的别号。

樊南，指的是长安（今西安）城南的樊川，这里景色优美，小溪流水，菜园稻畦，田庐鸡犬，犹如江南水乡。唐朝时，官僚士大夫都喜欢这里的环境，常来此游览居住。李商隐对此处更是情有独钟，常与好友来此相聚，谈诗论文，游览赏玩，还特意为自己取了个"樊南生"别号。

李商隐很喜欢自己的这两个别号，他的传世名著《樊南文集》和《玉溪生文集》用的就是这两个别号。

19.“易安居士”李清照

李清照是宋朝的一位才华横溢的女词人，有“千古第一才女”之称。她不仅在中国享有盛誉，在世界文坛也被认为是最有影响力的女文学家之一。1967 年，为纪念李清照对世界文化的贡献，国际天文学联合会用她的名字命名了水星上一座新发现的环形山，成为我国两位享受这一殊荣的女文学家之一。

说起李清照这位才女，还有一段有趣的故事。故事说，她的丈夫赵明诚小的时候做了一个梦，梦见一本奇书，醒来时，只记得书中的三句：“言与司合，安上已脱，芝芙草拔。”赵明诚不知何意，便将此梦告诉了父亲。其父是当时著名的政治家，博学多识，也是一位圆梦专家。其父听了之后，笑着对他说：“这个梦是预言你将来要成为一个女词人的丈夫。你看，‘言与司合’是个‘词’，‘安上已脱’是个‘女’，‘芝芙草拔’是‘之夫’，合起来就是‘词女之夫’吗。”没想到这个梦真的应验了，他真的成了著名词人李清照的丈夫。故事的真假已无从考证，但却为这位才女增添了一份传奇色彩。

李清照和赵明诚结婚之后，夫妇两人志同道合，赋诗作词，时相唱和，生活中充满着情趣，留下许多佳话。而且

宋朝著名婉约派女词人李清照有个雅号叫“李三瘦”，这源于她巧用“瘦”字的妙句。

两人都喜欢搜集金石字画，过着诗情画意般的生活。但随着金兵的入侵，李清照的生活发生了巨大的变化，在混乱的局势中，先是丈夫在赴任途中染病身亡，接着是她和丈夫共同搜藏的珍贵的金石字画散失殆尽。这时的她只身奔波于杭州、越州（今绍兴）、台州、金华一带，饱尝了凄凉与痛苦，直到后来随弟弟迁居杭州才安定下来。经过一次次残酷的打击，她渴望局势平稳、生活安定，让自己从此安定下来。为此，她将自己的住处题名为"易安室"，为自己取别号为"易安居士"。她的许多作品也以此署名。人们也喜欢以"易安居士"称呼她。

收藏在中国历史博物馆中的李清照作词图。

李清照的词清新婉约，独具风格，被人称作"易安体"，深受推崇，广为流传，有些精彩的句子更是令人叫绝。为此，她还得了一个颇具情趣的别号"李三瘦"。

李清照写词喜欢用"瘦"来形容花容人貌。她有三首词，词中的"瘦"用得特别精彩、特别传神，被视为千古绝唱。这三首词中妙用"瘦"字的句子分别是《凤凰台上忆吹箫》一词中的"新来瘦，非干病酒，不是悲秋"、《如梦令》一词中的"知否，知否，应是绿肥红瘦"和《醉花阴》一词中的"莫道不消魂，帘卷西风，人比黄花瘦"。人们非常推崇她这三句带"瘦"的词句，认为是难得的绝妙佳句，所以给她起了一个"李三瘦"的别号。据说，李清照将写有"人比黄花瘦"的《醉花阴》词寄给丈夫赵名诚后，丈夫决心胜过她，便闭门三天三夜，在家写了十五首词。写好后，将这些词与李清照的词混在一起，请友人陆德夫鉴赏。陆德夫反复吟诵品味之后说，只有"莫道不消魂，帘卷西风，人比黄花瘦"之句最佳。可见李清照"瘦"字用得多妙。

20.秦观几个别号的由来

秦观，字少游，是北宋著名的词人兼诗人，在当时很有名气。陆游的母亲就很敬仰他，希望自己将来生个儿子，也能像他一样成就文章功业。据说，陆游出生时，她竟梦见了秦观，所以，她便以秦观的字少游为儿子取名叫陆游。还给儿子取了一个"务观"的字，意思是虚心向秦观学习，由此可见秦观当时的影响之大。

秦观别号中"山抹微云君"最有情趣。

其实，秦观的名字也是有来历的，而且得名的缘由与陆游的得名很相似。秦观的父亲秦元化没有做过大官，但上过太学，对儿子的教育很重视。秦元化对当时的名士王观和他的堂弟王觌的才学和品格很推崇，希望自己的儿子长大以后也能像他们一样成为德才兼备的人才，于是便为儿子起名为秦观。

秦观还有三个有名的别号：邗沟居士、淮海居士和山抹微云君。前两个别号与他的籍贯、住地有关，后一个别号则是源于他的一首名词中的佳句。

秦观是江苏高邮人，高邮是古运河邗沟段的经过之地，这里风光秀丽，素有"邗沟烟柳"之誉。秦观热爱自己的家乡，喜爱这里特有的风光，于是便给自己起了"邗沟居士"的别号。

　　高邮地处江苏中部，淮河下游，属于淮海区一部分，秦观在为官之前一直住在这里，又是这里的名士，于是人们便以"淮海居士"称呼他，这也成了他的一个响亮别号。

　　秦观的"山抹微云君"是苏轼给他起的，这个别号的来历充满了情趣。

　　秦观的诗和词都写得很出色，苏轼很赏识他，是著名的"苏门四学士"之一。秦观的诗，写得精致细密、秀丽纤柔、诗味很浓。他的词写得更好，其音律谐美、语言雅淡、委婉含蓄、绕有余味。秦观的词作中，有许多是写男女情景的。他写这种词，情景交融，用词精巧，无人能比。他有一首《满庭芳》，深受人们推崇，流传很广。这是一首描写一对才子佳人黄昏时刻缠绵离别的词，词中不仅将一对多情男女离别愁怨写得情真意切，细致入微，还将黄昏景色写得凄凉伤感，与离别心情相交融，又富有诗情画意，使人得到美的享受。尤其是词的开头一句："山抹微云，天粘衰草，画角声断谯门。"意思是远山飘挂着缕缕薄云，天地相接的天幕上，粘着丛丛枯草，已是黄昏时刻，谯楼上报时的号角声已经停歇。一对情人就是在这样的气氛中缠绵离别的。这句中最传神的是"山抹微云"。作者用了一个"抹"字，如同画水墨画一样，一笔将远山浮云的美景收入词中了，既传神，又新鲜，意趣无穷。苏轼看到他这首词后，大加赞赏，尤其对"山抹微云"这句推崇至极，视为千古绝句，为此，称他为"山抹微云君"。从此，"山抹微云君"成了秦观响亮的别号，广为流传，无人不知。

　　有一次，秦观的女婿范温去一家富贵人家赴宴，这家的侍女善唱秦观的词，但她不知范温的身份，演唱时，冷落了范温，范温当时也很拘谨，没有说什么。当酒酣耳热之时，这位侍女看范温一直一言不发，就问旁边的人，他是何人啊？这时范温真的生气了，他突然站起来大声说道："我乃'山抹微云'女婿也。"侍女得知自己冷落的竟是自己敬仰的秦观的女婿，很不好意思，连忙施礼致歉。由此，也可见秦观这个别号的影响之大。

21. 富有情趣的别号

北宋初期，有一位著名的词人叫张先，张先写词很讲究立意和用词，其中有的词因用词精妙，备受人们喜爱和推崇，他也因此获得了几个别有情趣的别号。

张先写了一首《行香子》词，词中的"心中事、眼中泪、意中人"之句被人叫绝，认为这三个"中"字用得太传神了，于是，人们便给他起了一个"张三中"的别号。

其实，张先更喜欢他词中的"影"字，他用"影"字写朦胧迷离的影子，用得都极为精彩，皆成名句。一日，一友人对他说，你可知道，自你的《行香子》问世后，人们都称你"张三中"了，你词中那三个"中"字用得太妙了。张先听后说道，若论佳句取号，叫我"张三影"更恰当。我认为"云破月来花弄影""娇柔懒起，帘幕卷花影"、"柳径无人，堕飞絮无影"这三句中的"影"字才是我最得意的。于是，张先又有了一个"张三影"的别号，这个别号比"张三中"更有名。

张先这三句用"影"字的名句中，又以"云破月来花弄影"最有名。当时，有一位叫宋祁的，对他这句用"影"的名句尤为推崇。宋祁也是一位有名的词人，当时是工部尚书，他曾因《玉楼春》一词中"红杏枝头春意闹"用得妙，被人称作"红杏尚书"。有一次，宋祁去拜访张先，通报时说，该尚书要见"云破月来花弄影郎中"（张先曾任都官郎中）。张先听说来的是宋祁，便回答说，来的莫不是"红杏枝头春意闹尚书"？两人的对答，充满了文人间的情趣，也说明了张先这一名句的影响。

张先不仅有"张三中""张三影"这两个充满情趣的别号，还有一个更富有浪漫情调的"桃杏嫁东风郎中"别号。这个别号源于他的《一丛花》词中的名句。据传，这首《一丛花》词是张先写给一个与他相好的小尼姑的，词中有"不如桃杏，犹解嫁东风"之句，意思是，小尼姑自叹，她还不如桃花和杏花，它们还能嫁给东风，在东风的吹拂下，尽展华芳，而自己却只能对着青灯，守着空房，寂寞地度过一生。

张先这首词一传出，立即引起轰动，连文坛领袖欧阳修也大为赞叹，恨自己没认识张先。后来，一个偶然的机会，张先来到京城，前来拜访他。欧阳修听说张先来了，喜出望外，连鞋子也来不及穿好，倒穿着，便急忙出来迎接他，并连连向其他客人介绍说，这就是那位赫赫有名的"桃杏嫁东风郎中"啊！

张先受到文坛领袖欧阳修倒屣相迎，并称他"桃杏嫁东风郎中"，身价倍增，他那"桃杏嫁东风郎中"的别号也由此传开了。

22.“山谷道人”黄庭坚

黄庭坚是北宋时期著名的文学家、书法家，是“江西诗派”的开创者。他与杜甫、陈师道、陈与义并称“一祖三宗”，与张耒、晁补之、秦观合称“苏门四学士”，生前与苏轼齐名，世称“苏黄”，其书法又与苏轼、米芾、蔡襄并称“宋四家”。

黄庭坚自幼聪颖过人，书读数遍就能背诵。他舅舅李常到他家，取书架上的书问他，他没有不知道的，李常非常惊奇，称他是千里之才。

黄庭坚画像

黄庭坚七岁时便写了一首令人惊叹的牧童诗：“骑牛远远过前村，短笛横吹隔陇闻。多少长安名利客，机关用尽不如君。”八岁时，又写的一首送人赴举诗“万里云程着祖鞭，送君归去玉阶前。若问旧时黄庭坚，谪在人间今八年”，同样轰动一时。

说起黄庭坚的影响，有一小例很有趣。当年他在广济寺研究诗文时，当地的知州鉴于他文才声望，凡是士人投献诗文，知州都会亲临黄庭坚的住处，请他评品高下，然后根据他的评定给士人相应的酬金。有一次，黄庭坚看过知州带来的诗文，良久无语，因这诗文太拙劣了，知州见他不语，便问他，这诗文应给多少银两啊？黄庭坚笑道：“不必其他东西，就从公库里拿四两干艾，在他屁股上点着薰，并且问他，以后还敢撒野放屁吗？"

黄庭坚曾为自己起过许多别号，这些别号多与他的品格和经历有关。

元丰三年，黄庭坚由汴京（今河南开封）去吉州太和赴任，途经安徽舒州，在舒州他畅游了三祖山。三祖山是禅宗中土第三祖僧王粲的圆寂之地，山上有一寺，名山谷寺，寺旁有一洞，名石牛洞，其洞名因溪旁有一状似伏牛的巨石而来。这里林茂水秀，清雅幽静，黄庭坚喜欢其环境，又敬仰三祖，于是，便为自己取了"山谷道人"的别号，并在石牛洞写下了《书石牛溪旁大石上》《题山谷大石》等诗篇。黄庭坚很喜欢他这个别号，他的作品大都署有这个别号。

绍圣二年，黄庭坚因党祸，被诬修《神宗实录》失实而获罪，被贬为涪陵别驾。这期间，他曾居住在黔州、戎州等地长达六年之久。在这里，他心境坦荡，写书、讲学、开荒种地，过着像农民一样的生活，他自称是"黔中一老农耳"，并为自己取了个"涪翁"的别号。后来，还根据当地的习俗称自己为"涪皤"，四川古代称老者为皤。这期间，他一家人生活很困难，经常吃蔬菜充饥，为此，黄庭坚又给自己取了个"菜肚老人"的别号。

崇宁三年，黄庭坚又被贬到宜州（今广西宜州区），因广西古称八桂，所以，黄庭坚又称自己是"八桂老人"，这也是他为自己取的最后一个别号。第二年，这位刚正不阿、才华横溢的老人便病死在了宜州。

23. 洁癖画家"云林子"

　　倪瓒是元代著名画家，其诗和书法皆精，有"三绝"之称。人们将他和黄公望、吴镇、王蒙并称"元四家"，并视他为"元四家"之首。

　　倪瓒字元镇，无锡人。他曾为自己起过许多别号，如荆蛮民、幻霞子、绝听子、东海农、曲全叟、莆闲仙卿、无住庵主、朱阳馆主、沧海漫士、海岳居士、云林子、懒瓒等。

倪瓒像，清代徐璋绘。

　　倪瓒世居无锡祇陀里，这里风景优美、多乔木，倪瓒很喜爱，于是，在这里建堂，取名云林，并为自己取别号"云林子"。人们也因此称他为"云林先生"。后人在提到他时，多用云林称呼他，而少用倪瓒。

　　倪瓒为人清高孤傲，洁身自好，不问政事，不求仕途，也不理家事，对一切都懒于追求、懒于过问，自称"懒瓒"，这也成了他的一个别号，暗地里，人们常用这个别号称呼他。

　　倪瓒到了晚年，卖尽了家产田庐，开始遁迹江湖、广交朋友，漫游太湖四周。这期间，他创作了大量的优秀作品，并创造了独特的画技，形成了自己特有的艺术风格。他笔下的水乡景致，多以一河两岸的三段式构图：近景是平坡，几株枯树、一座幽亭；

中景不着一笔，以示淼淼湖水和明朗天宇，远景则是淡淡的平缓起伏的山峦，画面静谧恬淡，境界旷远，令人回味无穷。

倪瓒的绘画实践和理论观点，对明清数百年画坛有很大影响。至今仍被评为"中国古代十大画家"之一，英国大不列颠百科全书将他列为世界文化名人。他的画在明代时就被视为高雅的珍品，当时的江南人以家中是否有倪瓒的作品来区分这家人的雅俗和品位。

倪瓒不仅绘画、书法、诗词有名，其洁癖更是有名。为了保持自

倪瓒洗桐图

己的文房四宝笔、墨、纸、砚的干净，他专门用了两个用人随时擦洗。他外出游览时，常常让书童担着茶水跟随，但他只喝前桶中的水，后桶的水绝不饮用，那是怕后桶的水被书童腹中的五谷之气污染了。他家的厕所也很特别，是一座空中楼阁，用香木搭成格子，下面填土，中间铺着洁白的鹅毛，待便下，则鹅毛飘起落下面而覆盖之，闻不到臭味。他家的住处和院子要时时打扫，就连院中的梧桐树也要早晚用水擦洗。对此，明朝的画家崔子忠还专门画了一幅《云林洗桐图》。有一次，倪瓒的一个朋友来访，夜宿他家。夜间，他听到朋友咳嗽了一声，怀疑朋友吐痰了，待到天刚亮，他便命用人去寻找痰迹。用人找遍了每个角落也没发现，怕受责骂，便找了一片稍有脏迹的树叶给他看，他厌恶地闭

上了眼睛，捂着鼻子叫用人将此树叶送到三里地外丢掉。

倪瓒因太爱干净，所以少近女色。但有一次，他看中了一位歌姬，带回家中留宿，但又怕歌姬不清洁，便让她好好洗个澡，洗毕上床，他用手把歌姬从头摸到脚，边摸边闻，始终觉得还是不干净，要她再洗，洗了再摸再闻，还不放心，又洗，洗来洗去，天已亮了，只好作罢，让歌姬回去了。

倪瓒一生洁癖，但也为洁癖受过辱。倪瓒曾因故被抓入狱，进了监狱他还讲洁癖，要求狱卒给他送饭时，要将饭碗高举到眉毛之上，人问为什么要这样，他说不举高怕狱卒的唾沫喷到饭里。狱卒得知后大怒。将他用铁链子拴到了厕所的马桶旁边，让他天天时时闻臭味，后经众人求情才将他从厕所里放出来。

倪瓒视清高为至上，为此常常做出一些迂腐古怪的事来。有人来拜访他时，如言貌粗率，他会勃然大怒，甚至无缘无故地扇人几个耳光。他喜饮茶，特制有"清泉白石茶"，名士赵行恕慕名而来，倪瓒用此茶招待，但赵行恕认为此茶并不怎么样，这使倪瓒十分恼怒，说："我以为你是王孙，所以用此茶招待你，没想到你竟品不出其风味，真是个俗物。"更令人吃惊的是，他竟为此事和赵行恕绝交，真是迂腐怪异至极。所以，人们送给他了一个"倪迂"的别号。

24."梅花屋主"王冕

王冕，浙江诸暨人，字元章，元代著名书画家、诗人。

人们对王冕的了解，大都是从《儒林外史》中关于王冕儿时刻苦学习画荷花的故事开始的。

王冕出身农家，自幼刻苦好学。《明史》记载，他白天放牛，晚上则去佛寺，坐在佛像前的长明灯下读书，后被韩性收为弟子，教他读书作画。王冕青年时期，曾一度热衷功名，但屡试不中，于是，他焚毁一切文章，永绝仕途，开始浪迹江湖，专心书画，终成书画名家。

王冕画像

王冕成名之后，不仅求画者很多，推荐他为官的人也多起来，但都为他所拒绝。著作郎李孝光想推荐他去做府吏，王冕说："我有田可耕，有书可读，奈何朝夕抱案立于庭下，以供奴役之使。"

王冕有时喜欢头戴高帽，身披绿蓑衣。足穿木齿屐，手提木制剑，引吭高歌，往返于市中，或骑着黄牛，手持《汉书》，高声诵读，人们将他视为狂徒，他毫不介意，任人指点嘲笑。

王冕经过一番游历之后，不愿再四处漂泊，决心要过像南阳卧龙诸葛亮一样的耕隐生活，于是，他回到故乡隐居于诸暨九里山的水南村，并为自己取了一个"老龙"的别号。

　　王冕的隐居地，山明水秀，环境清幽，王冕在此栽了千株梅树，将其书屋命名"梅花屋"，自称"梅花屋主""梅叟"。王冕在这里过着逍遥自在、山野农夫般的生活，为此，他还为自己取了"江南野人""山阴野人""闲散大夫"的别号。每当梅树结果时，王冕就将梅子收起来卖钱，每树梅子卖多少钱，他都专门用纸袋装好，做上记号，每天开支，他都要记今天花了几棵树的梅子钱，充满了乐趣。每当大雪天，他便赤足登上山顶，眺望远方，大声呼喊："天地之间都是白玉，使人心胸一片澄澈，多想飘然飞去登临仙界啊！"他仿佛此时心灵得到了净化。

　　王冕还曾造过一只小船，取名"浮萍轩"。他将小船放置在鉴湖边，任其随风自由飘荡。王冕看着小船在湖中自由飘荡的样子，心情非常舒畅，为此，还给自己取了个"浮萍轩子"的别号。

　　隐居生活，使王冕陶醉，也激发了他的创作激情和灵感，他的许多精美作品就是这期间在"梅花屋"创作的。

　　王冕最善画墨梅。画墨梅，始于北宋华光法师。据说，华光

王冕《墨梅图》

法师看到月光把梅花映照在窗纸上，他从梅影中得到启发，创造出用浓淡相间的水墨晕染方法画梅花。用这种方法画的梅花叫墨梅。王冕继承了这种画法，并有所创新，尤其是用胭脂画没骨梅花更是其独创，备受后人推崇。

王冕的墨梅画，花密枝繁，疏密得当，密而不乱，繁而有韵，用墨浓淡相宜，生意盎然，具有"神韵透逸"的独特风格。

王冕的画作流传下来的不多，尤其是咏梅画传世更少。上海博物馆藏有他一幅梅花图，图中题有"贞贞岁寒心，惟有天地知"的咏梅诗句，十分珍贵。

25.“青藤道士”徐渭

　　明代著名艺术“怪杰”徐渭，多才多艺，诗、书、画、文皆精。徐渭本人也曾自负地说：“吾书第一，诗二，文三，画四。”

　　徐渭，字文清，后改字文长，号天池山人，青藤道士。山阴（今浙江绍兴）人。他自幼聪慧，十二三岁时，便落笔成章，曾仿杨雄《解嘲》作《释毁》，轰动乡里。20 岁中秀才，但他无心入仕，在后来的乡试中皆名落孙山，

徐渭画像

但也留下许多趣话。他的“文长”之字，相传就是因应试而起的。有一次应试，他见到试题后稍加思索，便一挥而就，文章短而精辟。做完试题之后，还剩很多时间，多才的徐渭，便在试卷的空白处画起画来。他先画了祖先神像，接着画了祭桌、祭品和自己穿着举人的服装祭祖的模样，画间还写了“不过如此”四个字。主考官看了他的卷子，对他的短文倒是很佩服，但对他在试卷上作画却很反感，认为他太狂，随即在试卷上批了两句话：“文章太短脸皮厚，名字排在孙山后。”就这样，徐渭这次应试落第了。

　　三年后，徐渭再次去应试时，碰巧还是三年前嘲弄他的那位主考官，徐渭很恼火，想到上次主考官嘲弄他文短，这次他决定写长文，整个试卷密密麻麻地写满了，还没写完，试卷不够用，

他就写在桌子上、凳子上。交卷时，他将试卷、桌、凳一起交了上去，主考官大惊，问这是何故？徐渭说，你喜欢长文章，我就写长文章给你看。后来，徐渭干脆给自己起了个"文长"的字，以示对科举考试的不满。这一逸闻可能有点儿演义，但符合徐渭的性格，也与他科举考试屡屡落第相吻合。

徐渭有两个流传很广的别号："天池山人"和"青藤道士"。别号源于他家中的小池塘和青藤。徐渭曾在自家院中挖了一口小池塘，虽然不大，可徐渭却称他为"天池"，并自号"天池山人"。他还在小池中竖起了一根小石柱，上刻"砥柱中流"四个字，以黄河激流中的"砥柱山"自比。他还在院中种了一棵青藤，自号"青藤道士"，并将住处称为"青藤书屋"。

这是徐渭著名的题诗"半生落魄已成翁"署名"天池"的《墨葡萄图》。

徐渭为"天池"题联曰"一池金玉如如化，满眼青黄色色真"；为他的"青藤书屋"题联道："未必玄关别名教，须知书户孕江山"。

徐渭在他的"青藤书屋"中苦练书法、绘画，创作了许多传世佳作，同时也留下了许多趣闻逸事。有一天，绍兴知府徐煜来到徐渭的"青藤书屋"索画。徐煜是奸相严嵩的义子，平日依仗严嵩的权势作威作福，徐渭厌恶他，见他登门求画，便想借机羞

辱他一番，答应为他画一虎。只见徐渭寥寥数笔，一只张牙舞爪、气势汹汹的恶虎便跃然纸上。画完之后，徐渭又提笔在恶虎旁横写了"文长"两字，像是为图署名，但他把"文"字中的点和画写得极细小，最后的一捺不但没有写出头，反而写成一竖似的，像个单人旁。徐煜得了虎图，立刻将其高高悬挂在大堂上，很是得意，逢人便炫耀。后来一位师爷看出了署名的道道，对他说，知府大人你看，这个"文长"两字写得像不像一个"伥"字，徐煜恍然大悟，原来，徐渭是借画骂他"为虎作伥"。

徐渭一生多坎坷，曾做过浙江督帅胡宗宪的幕客，后胡宗宪失势，被捕后死于狱中，徐渭因担心受牵连，精神曾一度失常，错乱中又误杀了妻子，结果被捕入狱。出狱后，以作诗绘画维持生计，但那时识宝的人并不多。徐渭在他传世的一幅《墨葡萄图》上题诗道："半生落魄已成翁，独立书斋啸晚风。笔底明珠无处卖，闲抛闲掷野藤中。"由诗可知徐渭晚年的境遇是很凄凉的。

徐渭的书法笔力千钧，纵横驰骋。徐渭的绘画，尤其是泼墨葡萄、牡丹，笔势豪放，墨汁淋漓，具有呼之欲出的动感，深受后人推崇，许多艺术家对他佩服得五体投地。吴昌硕赞叹他是"青藤画中圣，书法逾鲁公。"清代"扬州八怪"之一的郑板桥、当代绘画艺术大师齐白石，都曾表示愿拜倒在他的名下，做他的"走狗"，为此，郑板桥还专门刻了一枚"徐青藤门下走狗郑燮"的印章。

26.“桃花庵主”唐伯虎

提起唐伯虎，可谓家喻户晓。在人们的心目中，唐伯虎是一个才华横溢、风流倜傥、风趣幽默、妻妾成群、家产万贯的官宦子弟。其实，真实的唐伯虎并非如此，才华横溢是事实，风流倜傥也有些，但生活却很清贫，经历更是坎坷。

唐伯虎的名字叫唐寅，伯虎是他的字。唐寅自幼聪颖，16岁便得乡试第一，当上了苏州府学员生。正当他准备在仕途上继续奋发向前时，家中却连遭变故。在他24岁前后，先是父亲病逝，接着，母亲、妻子、儿子及过继给他的侄儿相继去世。最后，连刚出嫁的妹妹也不幸身亡。在短短的一年多的时间里，家里接二连三地死去了六位亲人，这对他

自称“江南第一风流才子”的唐伯虎

的打击太大了。这使他年纪轻轻就白了头，为此，他还写过一首《白发诗》。从此，他变得消沉起来。后来，他在好友祝允明、文徵明鼓励下，才重新振作起来。28岁时，他重赴考场，结果高中第一名解元，他也因此有了一个“唐解元”的称号，这使他很高兴。但接下来却又风云突变，灾祸再次向他袭来。在他赴京会考时，竟因考场舞弊案牵连而入狱，这使他非常痛苦。

出狱后的唐伯虎心灰意懒，从此远离仕途，开始以卖画为生。他住进了吴趋坊巷口临街的一座小楼，在那里专心写字画画，以丹青自娱。他在一首诗中写道："不炼金丹不坐禅，不为商贾不耕田。闲来写幅丹青卖，不使人间造孽钱。"诗表达了他当时的心情。

后来，他在城北桃花坞建了一座清闲的家园。这里原是宋人章庄简的别墅，唐寅购买时早已荒废，但这里风景宜人，环境十分幽静，有一小溪蜿蜒流过，溪边有桃树数株。唐寅一生酷爱桃花，于是，便将自己的住处命名"桃花庵"，自称"桃花庵主"，并作《桃花庵歌》纪念之。歌中写道："桃花坞里桃花庵，桃花庵下桃花仙。桃花仙人种桃树，又摘桃花换酒钱。酒醒只在花前坐，酒醉还来花下眠。半醉半醒日复日，花落花开年复年……"唐寅常邀好友沈周、祝允明、文徵明等来"桃花庵"饮酒赋诗。

唐寅在"桃花庵"建有一亭，名"梦墨亭"，此名源于唐寅一个梦。传说，唐寅当年游历福建时，曾梦见武夷山九鲤祠中的九鲤仙女赠他宝墨万锭，此梦之后，他变得越发才思敏捷，落笔有神，为了纪念这一奇异经历，故在建桃花庵时，特意筑亭，取名"梦墨亭"。

明正德九年，已经44岁的唐寅受明朝宗室宁王之聘，来到南昌。开始，唐寅还认为自己施展才能的机会来了。后来，他发现宁王有野心，他怕牵连自己，便假装疯癫，脱身回归故里。后来宁王起兵反叛朝廷被平定，唐寅幸而逃脱了杀身之祸，但仍然引起不少麻烦。从此，唐寅变得越来越消沉，转而信佛，并根据佛教教义为自己取了个"六如居士"的别号。"六如"取自《金刚经》"一切有为法，如梦幻泡影，如露亦如电，应作如是观。"此时，他还为自己刻了一方"逃禅仙吏"的印章，后来，"逃禅仙吏"也成了他的别号。

　　唐寅一生经历坎坷，多灾多难，仕途不顺，生活清贫，但他在文学和书画艺术方面的成就却是突出的，深受人们推崇。在文学上，人们将他与祝允明、徐祯卿、文徵明并称"吴中四才子"；在书画上，将他与沈周、仇英、文徵明誉为"明四家"，唐寅则自称自己是"江南第一风流才子"。

27．"苦瓜和尚"石涛

石涛是我国清初著名画家，名气很大，他与另一位名画家髡残（字石溪）并称"二石"，又与八大山人、弘仁、髡残合称"清初四画僧"。

石涛是朱元璋的第十三世孙，家世高贵显赫。明朝灭亡时，他年仅4岁。10岁时，清军攻陷南京。其父朱亨嘉因在广西桂林自称"监国"，代行皇帝职权，被唐王朱聿健捉至福州处死。石涛被太监带走，后入了佛门，做了和尚，法名原济。

石涛原名朱若极，小字阿长，做了和尚后改名石涛，还为自己取了个

石涛画像

"苦瓜和尚"的别号。石涛一生起过许多别号：零丁老人、清湘陈人、清湘遗人、靖江后人、大涤子、瞎尊者、枝下叟等。

"枝下叟"是他游南京时，得到一枝长竿，他很喜爱，便由此给自己取了一个"枝下叟"的别号。

关于"苦瓜和尚"的由来，有多种说法，流传较广的是，石涛喜食苦瓜，餐餐不离，甚至把苦瓜供奉案头朝拜。苦瓜皮青，瓤朱红，寓意身在清朝，心记明朝。这正是石涛特殊经历和心境的体现。晚年石涛取别号"瞎尊者"也是这个意思，"瞎"失明也，"瞎尊者"失去明朝的人也。

石涛"靖江后人"的别号则是他对自己显赫身世的追忆。石涛的先祖都是广西世袭的靖江王，石涛的父亲是最后一代靖江王，所以，他为自己取别号"靖江后人"。在靖江王中，第二代朱赞仪影响最大，"赞仪恭慎好学"，颇得朝廷信任，也是石涛最引以为荣的，为此，石涛专门刻了一方"赞之十世孙阿长"的印章，从示遥念。

石涛自幼有画才，出家后一直致力于绘画与诗文的研究。他曾遍游江浙皖一带的名山大川，尤其是黄山的云海、怪石、古松、流泉更是让他迷恋。他"披霞踏雾攀青壁，搜尽奇峰打草稿"，与梅清、孙静庵等人共画黄山，成为独树一帜的"黄山画派"。

石涛作画构图新奇，无论是黄山云烟、江南水墨，还是悬崖峭壁、枯树寒鸦，都力求布局新奇、意境翻新。他尤其善用"截取法"，以特写之景传达深邃意境。石涛还十分注重画的气势，他的笔墨雄健朴素，于豪放中寓静穆之气，又有一种野性之美。当时著名画家、清廷画谱馆总裁王原祁赞美他的画是"松风水月，未足比其清华；仙露明珠，讵能方其朗诵"，评价他是"大江以

石涛署有"靖江后人"和"大涤子"别号的作品

188

南，当推石涛为第一"。石涛的画法融古汇今、独具风格。郑板桥认为他的画技是无法之法，无法而又有法，不可端倪，非凡人所能企及，他也因此被人称为"人中神仙"。

石涛对后世影响极大，他的作品历来为藏家所钟爱。正因如此，其赝品也多。但大多赝品技法低劣，属"皮匠刀"的笔法，很容易辨其伪。但张大千仿石涛的画却能乱真，极难分辨。张大千仿古的水平极为高超，有人评价说是"五百年来第一人"。

张大千仿绘的石涛作品国内外都有流传，连英国大英博物馆都收藏有他仿绘的石涛作品。日本人也喜欢石涛的作品，但常常将张大千的伪作说成是真迹，而将真迹说成是赝品。这也说明张大千仿古技法的高超。

28．"八大山人"朱耷

"八大山人"是我国明末著名画家。他本是明太祖朱元璋第17子宁献王朱权的后裔，谱名朱统鏊，小名朱耷，"八大山人"是他的号。朱耷一生用过许多号，常用的有驴、驴屋、人屋、刃庵、传綮、雪个、个山等，此外还有道号朱道朗、良月、破云樵等，但最有影响的还是"八大山人"。

朱耷自幼聪慧，8岁就能作诗，书法、篆刻、绘画无一不精，并且都有自己独特的风格。

虽然父亲是个哑巴，不能说话，但朱耷早年却讲话幽默风趣，喜欢议论。在他19岁时，明朝灭亡，不久，父亲去世，朱耷从此变得沉默不语，如同哑巴一般。他在扇子上写了个"哑"字，有人要与他交谈，他便打开扇子展开"哑"字，人们也就不和他交谈了。他还在门上写了一个"哑"字，使人一进门便知他是一个不与人说话的人。他这样生活了十几年之后，便出家当了和尚，并给自己起僧号"雪个"。做和尚不久，他便癫狂了，整天又哭又笑，又

朱耷画的鸟，其眼神总是透出一种冷眼看人、冷峻孤傲的气质，而且只有一只脚。

唱又舞，疯态百出，只有酒醉时，才安静下来。癫狂了一年多后，他慢慢好转了，又给自己起号叫"个山"，后来又改号为"个人驴"，这是他联想人骂和尚为"秃驴"而给自己起的。

在他当和尚期间，他的妻子和孩子先后都死了，有人对他说，没有了后代，中断了对先人的祭祀，先人要怪罪的。朱耷很有感触，于是开始蓄发，准备再娶妻生子。就在这个时候，他又给自己起了个号叫"八大山人"。朱耷为什么要取这么一个号呢？有人分析，这是朱耷取意"四方四隅，皆我为大，而无大于我也"。也有说，朱耷信奉《佛说八大人圆觉经》，故用"八大"为号。朱耷在写"八大山人"这四个字时，将"八"做了变化，四个字写得很靠近，看起来既像"哭之"，又像"笑之"，意思是"哭笑不得"。他还常常在他的作品上加盖一个很奇特的押签，这个押签呈椭圆形，像个"龟"字形，但它并不是一个字，而是由"三月十九"四字组成。三月十九正是当年李自成攻陷北京城、崇祯皇帝吊死在煤山的日子。朱耷使用变形的"八大山人"署名，加盖奇特的押签，反映了他对明朝灭亡的切肤之痛和强烈的反清情绪。朱耷的弟弟后来也出家做了道士，取号"牛石慧"，他在画上署这个名时，用草书连写，很像"生不拜君"四字，以此表示不向异族屈服的意志。

朱耷的画，笔墨简括，意境冷寂，寓意特殊。他所画之鸟，眼圈特别大、眼珠又黑又圆，绘人以"白眼向人"的感觉。他还喜欢画一足鸟。古时称一足鸟为"商羊"，据说商羊出，即预兆国运不昌，祸事将至，暗喻清朝政权不会长久。

29．"笈游道人"邓石如

邓石如，清代著名书法家、篆刻家，安徽怀宁（今安庆市）人。

邓石如自幼喜爱刻石，悟性很高，著名书法家梁巘见到他的作品后，认为他虽没及古法，但笔势雄健，很有才气，如能多加引导，日后定成大器，于是将他介绍给了金石善本收藏家梅镠。

邓石如在梅家住了八年，饱览了梅镠收藏的自秦代以来的所有金石善本，晋唐碑版。他日夜临摹，不知疲倦，每天天不亮就起身磨墨一大盘，挥毫直到半夜墨写完为止，严寒酷暑，从不中止，终成大器，成为清代中叶的金石书法大家。

邓石如篆书、隶书、楷书、行书皆精。尤善篆书，其篆书雄浑苍茫，磊落大雅，康有为赞其是"集篆之大成"，世人称其为"邓派"或"皖派"，称其作品为"神品""国朝第一"。

邓石如原名琰，54岁时，因避新登基的嘉庆皇帝颙琰之讳而改名，改名时，为了表示自己对"不贪赃，不低头，不阿谀逢迎，人如顽石，一尘不染"品行的追求，遂用"石如"为名，取号为"顽伯"。

邓石如曾得铁砚一方，非常

邓石如为纪念家乡篆刻的印章

192

喜爱，为此，特将自己的住处命名为"铁砚山房"。铁砚山房坐落于安徽怀宁县东北的大龙山下，山房依山傍水，巍巍大龙山连绵起伏，山林郁葱，玉带般的凤溪，水流潺潺，人称"龙山凤水"之地。邓石如热爱家乡的山水，大龙山曾是他小时砍柴之地，凤溪小桥边曾是他垂钓之处，为此，他专门刻了一枚"家在龙山凤水"的印章，并为自己取了"龙山樵长"和"凤水渔长"的别号，以示怀念。

邓石如曾云游四方，云游时，他"尝一笈一笠，肩襆被，日孤行百里，云游四方"，意思是，他曾头戴斗笠，手持书箱，肩背行李，独自一人日行百里，饱览名山大川，遍访名家好友。这也是他"笈游道人"的别号的由来。

邓石如因居皖公山下，便给自己取了"完白山人""完白山民""完白""古浣""古浣子"等多个别号，他的书法篆刻作品上常署有这些别号。

邓石如曾养过一对仙鹤，一雄一雌。据说这对仙鹤的年龄至少有130多年了，一日雌鹤死去，巧的是，十几天后，邓石如的发妻沈氏也去世了。邓石如十分悲伤，雄鹤也孤鸣不已，邓石如不忍看孤鹤悲戚的样子，便将它送到三十里外的集贤律院寄养，寺院的僧人很喜欢这只鹤，还给它起了一个"佛奴"的名字。邓石如则坚持每月往返三十里担粮饲鹤。一日，安庆知府樊晋路过集贤律院，见到此鹤，十分喜欢，便强行将它带回府中。邓石如得知后，非常愤怒，决计写信索回仙鹤，于是便有了那篇精彩的《陈寄鹤书》。樊晋接信后，羞愧万分，立即将鹤送回寺院。后来，这只雄鹤在寺院后的竹林中与一条巨蛇搏斗时，受伤而死。寺院将其安葬，并为之立塔，还立了一块写有"鹤冢"两个隶书大字的石碑于塔前。令人惊异的是，这年十月邓石如也驾鹤西去。

　　对于邓石如与仙鹤的这段传奇经历，是心有灵犀，还是纯属巧合，后人多有猜想，津津乐道，成为佳话。

30．"苦铁道人梅知己"吴昌硕

吴昌硕是我国近代著名书画家、篆刻家，是"后海派"的代表，也是西泠印社的首任社长。他与任伯年、蒲华、虚谷齐名，被称为"清末海派四大家"。

吴昌硕有许多别号，这些别号大都与他的经历、爱好、品格有关。

"苦铁"是因为他擅篆刻，颇有名，求之者众多，他疲于奏刀，甚是辛苦，故取"苦铁"为别号。"苦铁道人"也由此而来。

"苦铁道人梅知己"则来自他一生对梅花的酷爱。吴昌硕生前种梅、赏梅、画梅、咏梅，死后葬于超山梅林。他的诗画作品中，以梅花为主题的占了三分之一之多。

吴昌硕从小就喜欢梅花，他的老家在浙江安吉彰吴村，村外十里处有一小溪名"梅溪"，因溪两岸遍植梅花树而得名。吴昌硕小时常常借钓鱼为名，步行十里来这里赏梅，为此，还为自己取了个"梅溪钓徒"的别号，并专门刻了一枚"梅溪钓徒"的印章。

吴昌硕与梅花结缘，他学习绘画也是先从画梅花开始的。他爱梅花，画得很投入，他认为要画好梅，必须做到心中有"梅"。为此，每当梅花盛开之时，他总到苏州邓尉、杭州孤山、塘栖超山等赏梅胜地探梅、画梅。为了临摹方便，他还在自家地里种了几十株梅花，名"芜园"。有一年大雪，邻家的瓜棚被压垮了，殃及芜园，将一枝初绽的梅花压折了，吴昌硕不胜惋惜，先是用绳绑扎救治，看看不行，又将其收入瓦缶之中供养。后来，还特

吴昌硕的梅花图

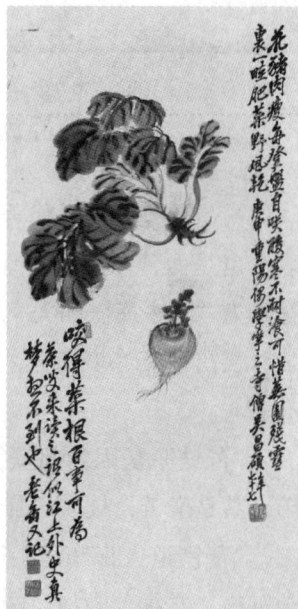

这是吴昌硕署有"老缶"别号的一幅画作。

意画了一幅梅花长卷，题以长句，记述当时的痛惜之情，足见其爱梅之深。

酷爱梅花的吴昌硕，精心画梅，终成画梅圣手。他画梅花时，使用的是大篆、草书的笔法，作画之前，总是先凝神静气，然后便运笔如风，一气呵成，自称为"扫梅"，如此所画之梅自然气势非凡。

吴昌硕生前最喜欢超山的梅林。超山报慈寺旁有一株宋梅，虬枝枯干，苍老遒劲，逢时开花。吴昌硕每次来超山，总要在宋梅下反复观赏，不忍离去。1923 年，周梦坡为宋梅筑亭，名"宋梅亭"，吴昌硕则挥毫为之画了一幅《宋梅图》，并撰写了一副对联："鸣鹤忽来耕，正香雪留春，玉妃舞夜；潜龙何处去，看萝猿挂月，石虎啼秋。"由于当时的他兴致很高，《宋梅图》画得格外传神，是他的得意之作。

1927年，84岁高龄的吴昌硕再次上超山探梅作画，并在报慈寺的宋梅旁选定了长眠之所。当年11月6日，吴昌硕在其上海寓所病逝。5年后，家人按其遗愿，将他葬于报慈寺西侧山麓，距宋梅仅百余步，了却了他永远与梅为伴，做梅知己的心愿。

吴昌硕还有一个"老缶"的别号，这个别号源于他对一个古缶的喜爱。1882年，他的朋友金俯将把在古塘得

吴昌硕酷爱梅花，这是一幅以梅花为背景的吴昌硕的画像。

到的一个古缶赠送给了他。缶是一种腹大口小的瓦器，金俯将送给他的这个古缶质朴而无文字，吴昌硕非常喜爱，将其放在画室，并为此将画室取名为"缶庐"，为自己取别号"老缶"，他还专为此事写了一首长诗，诗的前四句是："以缶为庐庐即缶，庐中岁月缶为寿，俯将持赠情独厚，时维壬年四月九。"诗歌表达了他对古缶的喜爱和对朋友赠缶的感激之情。

吴昌硕还有一个"大聋"的别号，关于这个别号有多种说法。一说是，吴昌硕晚年确实耳聋，但耳聋并没有影响他对艺术的追求，他取"大聋"为别号，正是为了激励自己要更加勤奋，两耳不闻窗外事，一心扑在艺术上。另一说法是，吴昌硕因愤怒

而起的。1917 年，吴昌硕的夫人在上海去世，吴极悲痛，办丧事时，吴嘱咐不收礼金，但亲戚朋友还是依旧送了礼金，可平时求他字画的达官显贵却很少有人来。事后，吴昌硕给送来吊唁礼金的人一一回复，时称《谢唁帖》《谢唁帖》本可买现成的，而吴昌硕为了感谢，没有去买现成的，而是自己裁纸手写，并一一送至家门。这时，那些喜欢吴昌硕字画的达官显贵后悔了，后悔自己错过了得到吴昌硕手迹的机会。于是，有的又想方设法重新送来"奠仪"（礼金），说尽好话，希望得到吴昌硕的手迹。吴昌硕对此非常气愤，认为这都是一些好话说尽见利忘义的人，于是在悲愤之际刻了"吴昌硕大聋"之印，并为自己取号"大聋"，表示自己已经聋了，那些令他愤怒的话语他再也听不到了。

31.“三百石印富翁”齐白石

现代著名书画家、篆刻家齐白石，1863 年出生于湖南湘潭白石铺杏子坞屋斗塘的一个贫苦农民家庭。父母按照家谱字辈为他取名“纯芝”，字“渭清”，小名“阿芝”。上学后，老师为他取名“璜”，取字“濒生”。“璜”是古代佩在身上的半月形的玉件，称为半璧，很有富贵气味。“濒生”则寓意“湘江之滨生、湘江之滨长”。

齐白石小时候很受祖母疼爱，祖母在他的脖子上系了一个小铜铃，

齐白石原名“纯芝”，齐白石之名是由“白石山人”而来。

以求神灵保佑他平安无恙。齐白石很珍惜这段感情，在他晚年的时候，身上还佩有一铃，自称“佩铃人”，还专门刻了一方“佩铃人”的印章，以示对祖母的纪念。

齐白石一生为自己取过许多别号，别号中有表达他热爱家乡、忆念故居的，像“杏子坞老民”“星塘老屋后人”“湘上老农”等，有感慨自己生活经历的，如“寄萍堂主人”“萍翁”“寄萍”等。对这一组别号的由来，齐白石曾在他的书中做过说明，说他因为频年旅寄，同飘萍似的，所以取此自慨。当初取“萍”字作为别号，是由濒生的“濒”字想起的。据记载，齐白石在外多年漂泊回到故乡后，在余霞峰下买了一处房屋，经改造后取名"寄萍堂"，意在纪念他多年在外漂泊的生活，"寄萍堂主人""萍翁""寄萍"等别号也由此而来。

齐白石别号中最有名的，当属"白石山人""耕砚牛"和"三百石印富翁"。

齐白石很喜欢家乡白石铺这个地方，他认为这里虽没有名山大川，但自然风光朴实无华、十分美丽，于是便为自己取了一个"白石山人"的别号。50 岁以后，他开始称自己为"白石山翁"，晚年称"白石老人"。人们也喜欢这样称呼他，齐白石之名便由此而来。

"三百石印富翁"缘于他刻苦练篆刻的精神。齐白石在钻研篆刻艺术上，所表现出来的刻苦精神和毅力很令人敬佩。他刻的第一方篆印就是"金石癖"。为提高篆刻

齐白石署有"三百石印富翁"落款的画作。

水平，他曾请教过当时的篆刻大家黎铁安。黎铁安说，你到南泉冲去挑一担"楚石"回来，随刻随磨，待到石头都磨成了石浆，那时你的功夫就到家了。齐白石真的按照黎铁安的指点，运回许多石料，刻完磨，磨完刻，直到磨得石浆湿满了屋，终于练出了成就。他有感于这段经历，便给自己起了一个"三百石印富翁"的别号，并刻了一个印章，还写下了"石潭旧事等心孩，磨石书堂水亦灾"的诗句。

"耕砚牛"这个别号，则是齐白石激励自己在绘画篆刻艺术

道路上要像耕牛一样勤奋，"不让一日闲过"，要永远向前，精益求精。他时刻提醒自己："不愁忘归路，且有牛蹄迹。"

　　齐白石还有一个很特殊的别号叫"走狗"。齐白石极为推崇明代画家徐渭（号青藤道士）、清代画家朱耷（号雪个）、近代画家吴昌硕（号缶庐）。他自叹"恨不生前三百年"，如果与他们同世，他就要为他们磨墨理纸，如果"诸君不纳"，他就"于门之外，饿而不去"。为此，他在《老萍诗草》中写道："青藤雪个远凡胎，老缶衰年别有才；我欲九泉为走狗，三家门下转轮来。"诗歌表示他生前未能求教于他们，死后也要做这三位大师的"走狗"，还要在他们三家之中轮番地讨教。齐白石正是凭着对艺术的这种执着精神，虚心地学习他人的艺术，并在此基础上创立自己的特色，终于成为享誉中外的艺术大师。

32."抱石斋主人"傅抱石

　　傅抱石是我国最有影响的国画大师之一，与齐白石齐名，并称"南北二石"，与吴昌硕、齐白石、徐悲鸿、黄宾虹并称"三石两鸿"，是"新金陵画派"的领袖。

　　傅抱石原名长生、瑞麟，因仰慕清代画僧石涛而改名"抱石"。他在其著述《石涛山人年谱》自序中说："余于石涛山人，可谓痴嗜甚，无能自已。"这句话的意思是说他对石涛的敬仰崇拜到了无法控制的如痴如狂的地步。所以，他不仅将自己的名字改为傅抱石，还将书斋命名为"抱石斋"，并为自己取了个"抱石斋主人"的别号。

　　傅抱石在"抱石斋"中潜心探索绘画技艺，勤奋努力作画，创作出了许多惊世名画，其中《丽人行》尤为突出。《丽人行》是傅抱石所有作品中唯一的长卷，画的题材取自唐代诗人杜甫的《丽人行》长诗，画的是杨贵妃一行夜间出外巡游的奢华场面。傅抱石用泼墨写意的浓密柳荫作背景，安排了五组 37 名人物，突出绝代美人杨贵妃的形象。此画在重庆展出时，引起极大轰动。徐悲鸿题为"此乃声色灵肉之大交响"，张大千则赞叹为"开千年来未有之奇，真圣手也！"郭沫若认为此件作品是傅

国画大师傅抱石

傅抱石《丽人行》长卷中的一个画面

抱石珍品中的珍品，非常喜欢。后傅抱石将此画赠送给了郭沫若，郭沫若喜出望外，当晚宴请了傅抱石，还特邀了老舍、曹禺等人作陪。1955 年，陈毅来郭沫若家做客时，郭沫若将此画展示给陈毅看，陈毅连声称赞："画得好！画得好！"随后将此画借走，三个月后才送还。

说起傅抱石的艺术生涯，早年傅抱石是以篆刻闻名，直到 30 岁后才逐渐转向绘画，并在绘画上取得辉煌成就，成为一代国画大师。

傅抱石酷爱篆刻，还给自己取过一个"印痴"的别号。关于这个别号的来历，还有一段故事。傅抱石小时候，家附近有一个摆摊刻印的郑老板，傅抱石经常去看郑老板刻印，觉得很有意思，慢慢爱上了。后来，他在旧书摊上买到一本著名篆刻家赵之谦的印谱，便临摹仿刻，很是专心刻苦。时间久了，他的作品已初具赵之谦的风格了。傅抱石在江西省立第一师范读书时，校长很喜欢他，为他安排了一个图书馆业余管理员的工作。这期间，他仍刻苦钻研刻印，学校一老门房知其刻印有赵之谦风格，便建议他仿刻赵之谦的印以赚取费用。后仿刻之事被人识破，校长得知这一情况后，认为其印章刻得这么好，何必去冒仿赵之谦的名义呢，完全可以名正言顺地用自己的名字，并特许他在不影响工作的情况下，公开对外收费刻印。从此，他就一边读书工作，一边刻印，常常忙到深更半夜。母亲说他刻印成痴了，他也觉得自己很痴，于是便给自己取了"印痴"的别号，还专门刻了一枚"印痴"的印章。后来，他就是凭借着这一痴劲，成了篆刻大师。

1935 年，傅抱石在日本举办了个人书画篆刻展，引起了轰动，人们对他的篆刻作品推崇至极，为此，还送他一个"篆刻神手"的称号。

傅石抱爱酒，最喜欢在酒后带着醉意作画。为此，他专门为自己刻了块"往往醉后"的印章，常常加印在他醉后创作的得意作品上，"往往醉后"也成了他的一个有趣的别号。

说起他酒后作画，最有名的是他和关山月一起为人民大会堂创作"江山如此多娇"巨画。那时酒很难买到，而傅抱石离了酒就提不起兴致来。周总理得知后，专门派人给他送来好酒，并满足供应。傅抱石有了酒，兴致高涨起来，可他作画时仍隔一段时间便要出去一趟，别人不知是何故，关山月知道这是他去过酒瘾，便幽默地打趣说："你的小便怎么这么多？"后来，人们在他寝室床下发现了四十多个空酒瓶。这也成了画坛的一段佳话。

33. 趣说张大千的别号

　　著名国画大师张大千，原名张正权，又名张爰。张正权之名是根据其家族"正心先诚意"的字辈所起。张爰的来历却颇具神秘色彩。相传，光绪戊戌年的一个晚上，张大千的母亲做了一个离奇的梦，只见明月当空，一位鹤发童颜的老翁带着一只小猴从空中飘然来到房中，张母见小猴机灵可爱，十分喜欢。老翁见其喜爱，便说送你如何，张母接过小猴正欲答谢时，小猴因见窗外照来的月光，急忙朝张母的腋下钻去，张母从此怀孕，第二年生下了张大千。"猿"作"猨"，"爰"与"猨"又是异体字，于是，张母便为其取名张爰。传说，张大千五岁以前怕见月光，长大以后又特别喜欢猿，他在台湾的摩耶精舍作画时，案边总有一只白面猿相陪，他外出时，还喜欢戴着高高的帽子，怀抱着白面猿。

　　关于"大千"的来历也有一段故事。张大千小时候与表姐谢舜华青梅竹马，两小无猜，两人长大成人后，双方父母为他们举办了订婚仪式，后张大千去了日本，谢舜华在家

张大千原名张正权，"大千"是他短暂出家时法师为他起的法号，后来他以此做了自己的名字。

等待张大千学成回国完婚。谢舜华自幼体弱，没想到竟染病而亡。张大千从日本回国后，得知这一消息，悲痛欲绝，遂产生了遁世的念头。于是，他便到松江禅定寺拜见了住持和尚逸琳法师，要求出家。逸琳法师喜爱书画，擅长诗词，他见张大千书画功底不错，非常喜欢，便留了他，并赐法号"大千"。张大千的二哥张善子得知他

有"东方画仙""美髯公"之称的张大千。

出家的事后，十分恼火，要去禅定寺找逸琳法师。张大千一看大事不妙，便乘车去了宁波。在宁波，他找了观宗寺的住持缔闲大师，缔闲大师答应收留他，并决定第二天给他烧戒。张大千真心想出家，但对烧戒却没有思想准备，他向缔闲大师提出不烧戒的要求，并讲述了不烧戒的理由，缔闲大师认为他六根不净，尘缘未断，便不再收留他，让他回家去了。

张大千还俗之后，仍不忘他的这段经历，便给自己取了个"大千居士"的别号，有时也自称"大千张爰"，张大千的名字也由此而来。

张大千还俗之后，留起了胡须，此后长髯伴随了他一生。张大千的胡须长而密，自耳而下，长垂胸前，且造型儒雅俊美。尤其到了晚年，银须飘逸，神韵十足，加上他那画家的气质和如诗如画的园林式的生活环境，远远望去真如仙人一般。故人称其为

"东方画仙""美髯公"。这也成了他两个美丽的别号。

张大千十分珍爱他的美髯，精心进行养护。夏初，他提前把项下太浓的长须剪去一些，以免胡子堆胸太厚，夜晚他睡觉前，总要小心翼翼将胡须装入特制的须囊中加以保护，平时则时时细心梳理，让其始终保持飘飘如仙的神态。

张大千以自己的美髯为自豪，他曾画过多幅美髯自画像，多达百幅，足见他对自己美髯的喜爱程度。

40 年代张大千赴敦煌临摹石窟壁画。在这里，他远离城市，过着艰苦的生活，专心临摹长达三年之久。敦煌壁画艺术给了他营养和力量，也给了他灵感，使他的画风也为之一变，开始善用复笔重色，高雅华丽，潇洒磅礴，气势非凡，而且画中有诗。于是人们将他的画和诗仙李白的诗联系到一起，给他起了一个"画中李白"的别号。

1949 年张大千赴印度展出书画，从此旅居阿根廷、巴西、美国等地，并在世界各地频频举办个人画展。所到之处，无不引起轰动，人们被他精美无比的作品所感染，尤其是被他那独创的泼墨山水的奇伟瑰丽和天地交融的气质所折服，人们为他高超奇妙的绘画艺术叫绝，称他是"当今世界最负盛誉的中国画大师"，人们将他比作毕加索，给他起了一个"东方毕加索"的别号。

34. 趣说林散之的别号

林散之，我国著名书画家，江苏江浦人，原名霖，又名林霖，后改名散之。

散之之名源于他的书
房，早年，林散之在其老家
后面的小山坡上盖了三间草
房，取名"散木山房"。林
散之的老师张栗庵很喜欢这
个名字，便取其中的"散"
字，为其取名林散之。

林散之自幼聪颖，酷爱
绘画，而且很有天赋，3 岁

著名书画家林散之

时就会画画，稍大一点便能对物写生。林散之学习也很刻苦努力，尤喜习作诗文。这为他后来绘画和诗词创作打下了坚实的基础。

林散之酷爱诗、书、画，为此，他给自己取了个"三痴生"的别号。"三痴"与"散之"谐音，这也使人们看到他的散之之名，便能想到他的"三痴"精神。

林散之 22 岁时，经老师张栗庵介绍到上海拜黄宾虹为师。在上海三年，他平均一天只睡几个小时，经常以稀粥和几块豆腐干充饥，在黄宾虹的传授教导下，进步很快，技艺大增。后林散之又在黄宾虹的指点下，开始孤身远游，投身大自然，广览名山大川，历程一万八千余里。这次远游，他得画稿八百余幅、诗二百首。后将其整理撰写成《漫游小记》连载于上海的《旅游杂志》上。

林散之的书法，独树一帜，尤其是他的狂草，茫苍淋漓，气势磅礴，肆姿奇逸，冠绝于世，故有"当代草圣"之誉。中国书坛大师启功曾面对林散之的书法作品三鞠躬，以示叹服。

人们对林散之的诗、书、画极为推崇，赵朴初、启功等大家称其为"当代三绝"。

林散之晚年耳朵失聪，还遭遇过一次"汤锅之灾"。为此，他给自己取了多个有趣的别号。

开始，他左耳有点聋，便给自己取了个"左耳"的别号，意思是自己的

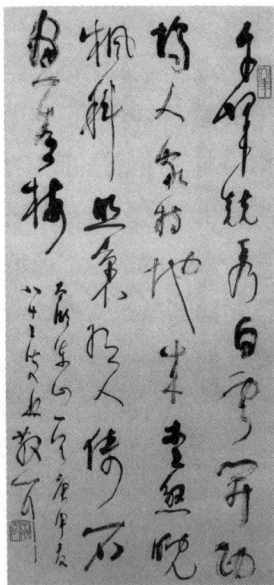

署名"八十三叟林散耳"的书法作品

左耳听不见。后来，在"左耳"的基础上又起了"散耳"的别号。再后来，他两个耳朵都听不见了，干脆为自己取别号为"聋叟"。

林散之常常在自己的作品上署名"林散耳"。有一年，他在北京与赵朴初、启功、李真、陈英等名家交流书画技艺。他在写字时，启功在一旁观看，不由自主地赞叹道："林老写字真如大鹏展翅。"当看到他落款是"林散耳"时，便问为什么叫林散耳，林散之笑着答道："耳朵不好，听不到声音，就在名字上加了一个耳字。"启功听后说："如果我以后耳朵听不见了，也叫启耳。"大家听了，都笑了。

林散之72岁时还遭遇了一次灾祸。一天，他去镇上的小浴

池洗澡，由于人多，水热气闷，他一阵头晕，竟跌入汤锅，当场昏了过去。后经抢救，人虽无恙，但右臂、右手烫烂，右臂从此不灵便，右手小指和无名指卷曲致残。在医院抢救时，他醒来的第一句话，就是问医生自己的手还能不能执笔。

出院之后，林散之看着自己伤残的手指，为自己取了个"半残老人"的别号。但他并没有消沉退缩，而是以惊人的毅力，用能用的三个手指继续苦练书写，最终练出了一种别具风格，充满豪气的苍辣、雄强的书体，更为人推崇和喜爱。

对于这次浴池中的"汤锅之灾"，他曾风趣地说："可怜王母多情甚，接入瑶池又送回。"他还专门请书画家田原为他刻了一枚"瑶池归来"的印章。后来他还为此写了一首诗："伏案惊心七十秋，未能名世竟残休。情犹未死手中笔，三指悬钩尚苦求。"

35.“补白大王”郑逸梅

郑逸梅是海内外知名的文史掌故作家。善写短小精悍的文史掌故，以补报纸版面，人称“补白”。郑逸梅 18 岁起就开始写这种小品文体的“补白”，一直写到 90 多岁，写了 70 多年，数字超过 1000 万字。20 世纪二三十年代，上海文坛就盛传“无白不郑补”，称他为“郑补白”，后来干脆送他一个“补白大王”的别号。

对于这个别号，郑逸梅在一篇文章中写道：“一些老报人和我开玩笑，说外国有石油大王、钢铁大王、汽车大王、钻石大王，中国则有补白大王郑逸梅。”看来郑逸梅对他这个别号还是很满意的。

郑逸梅的补白内容涉猎很广，有历史知识、文人趣事、曲坛轶闻、梨园旧事等。文章写得短小紧凑、简练生动，融知识性和趣味性于一体，别具一格，雅俗共赏，港澳报界称这种体裁为“郑公体”。

有人曾问他，为什么喜欢写这类小文章？郑逸梅说：“我喜欢写一些一鳞半爪的小品文，是有原因的。我平素爱读《世说新语》和《幽梦影》，觉得这一类名作，虽寥寥数语，可是辞藻很隽永，叙述很精练，以少胜多，耐人寻味，这是非学有深造者不能道一字。”正是受此影响，郑逸梅爱上了这种小品文，而且为之写了一辈子。

说来有趣，郑逸梅写起补白掌故来，文思敏捷，信手拈

“补白大王”郑逸梅

211

来，记忆力特强，但对补白之外的其他事他却难得记住。他去赴宴，人家热情招待，上了一桌子好菜，但回到家里问他吃了些什么时，他想了半天也记不起来，只会说，有红烧肉。

郑逸梅自幼爱梅成癖，又梦见一巨石上刻有"逸梅"两字，故取来为名。他还为自己书斋取名"纸帐铜瓶室"，此斋名也是由梅花而来。郑逸梅解释说，古人的咏梅诗中，多有纸帐、铜瓶之类的描述，若是直接在名字中嵌入个"梅"字，那就显得俗了。他取"纸帐铜瓶室"，取的是"暗藏春色"的意思。为此，他还特意为自己取了一个"纸帐铜瓶室主"的别号。

郑逸梅不仅爱梅成癖，他还有许多爱好，爱收藏，喜欢收藏名人的书札，也喜欢集邮；他爱剪报，也爱买书，尤爱买字典，而且都爱得如痴如醉。

郑逸梅为人幽默风趣。晚年时，他还曾自取别号为乐，为自己取了个"无耻之徒"和"独夫"的别号。他在《自暴其丑》一文中是这样说明他这两个别号的："我今年九十三岁，两鬓早斑，顶发全白，所谓'皓首匹夫'，这个名目，是无可以否认的。加之，齿牙脱落，没有镶装，深恐镶装了不舒服，未免多此一举，索性任其自然。好在我食欲并不旺盛，能吃的吃一些，不能吃的也就算了。这岂不成为'无耻（齿）之徒'吗？"又说："《书经》有那么一句话：'独夫纣'，指无道之君而言。我是无妇之夫，单独生活，那'独夫'之名，也不得不接受。"

郑逸梅 95 岁时，台湾剧作家贡敏也为他起过一个很有趣的别号"九五之尊"，这是贡敏在赠送给郑逸梅的书的扉页上写的："九五之尊逸老存正"，"九五之尊"本是指帝王之相，贡敏用此，是意指 95 岁的令人尊敬的老人，而非帝王之相。

36．"畏庐居士"林纾

　　林纾是我国近代最具影响的翻译家，以翻译世界各国文学名著而著名。其翻译风格独特，被人称为"林译小说"，而且，其翻译速度之快，翻译作品数量之多，也是绝无仅有的。有人统计，他一生翻译过美、英、法、俄、德、日、瑞士、比利时、希腊、西班牙、挪威等 11 个国家的近一百名作家的作品，共计 180 多种，所以人们为他起了一个别号叫"译界之王"。

　　说起林纾"译界之王"的由来，非常有趣。恐怕很少有人会相信，这个闻名中外的"译界之王"竟然不懂外语，他所翻译的外国小说，全靠听取别人的口译，然后自己再用文言文将其翻译成汉语，成为风格独特的"林译小说"。另外，他从事翻译活动也颇具戏剧性。他有一位好朋友叫魏翰，是一位造船专家，当时在船政局任职。魏翰对西方文化很有研究，建议林纾从事翻译。林纾开始没当回事，后来魏翰多次相劝，林纾被说动了，但却提出一个孩子般的要求，要魏翰请他游览闽江滨海大川，否则就不译。魏翰满足了他的要求，游览时，魏翰让他的学生，时任船政学堂法文教习的王寿昌与他讲述法国名著《茶花女》，配合他翻译。当时王寿昌手持《茶花女》的法文原著，逐字逐句地将原著意思说出来，林舒耳聪手疾，立即用汉语文言文写出来。王寿昌读声一停，林纾也已译好停笔，其速度之快，令人惊叹。就这样，中国翻译史上第一部外国长篇小说译著《巴黎茶花女遗事》诞生了。这部译著于 1899 年刊印出版，一出版即引起轰动，备受赞赏，"一时洛阳纸贵，风行海内"。林纾也因此名声大振。

林纾在《巴黎茶花女遗事》翻译上的成功，极大地激起了他的翻译热情。在此后的时间里，他与许多口译人合作，翻译了大量的外国小说，为西方文化在中国的传播做出了重要贡献。有人评论说："他于新文化运动的功绩就像哥伦布发现新大陆。"

林纾还有两个别号："畏庐居士"和"践卓翁"。

"畏庐居士"别号，源于林纾外祖母对他的教诲。小时候，外祖母很疼爱他，对他要求也很严格，教导他做人要"畏天循分"，意思是要敬畏天道，时时检点言行，处处约束自己。林纾一直牢记外祖母的教诲，所以，他将自己的住处取名"畏庐"，并为自己取别号叫"畏庐居士"。他的文集、诗集也都用"畏庐"命名，连墓碑也用"林畏庐"之名。

"践卓翁"别号则是他因与人斗气而起的。据黄浚《花随人圣庵摭记》记载，林纾因与教育次长董恂士相迕而大怒，为此给自己起了个"践卓翁"的别号。黄浚解释说："践卓者，践董卓也，董卓者，恂士也。"黄浚说，与人相迕便要把人当作三国的董卓来践踏，此老如此使气，真匪夷所思。林纾不仅为自己取别号为"践卓翁"，还将自己的短篇小说集取名为《践卓翁短篇小说》。

林纾"畏庐居士"和"践卓翁"两个别号，一个意含谦逊，有自我警戒意味；一个气傲，有咄咄逼人之势。后来，林纾也认识到"践卓翁"这个别号确实有些过激，有失文人风度。所以，当《践卓翁短篇小说》再版时，他将书名改为《畏庐漫录》了。

林纾多才多艺，他的诗词和绘画也很出色，尤其是绘画。当时很多社会名流向他求画，他曾为康有为画过《万木草堂图》，为严复画过《尊疑译书图》。他的画当时售价很高，一幅五尺堂幅要卖 28 块大洋。他的译著稿费也很高。在他的书房中有两张桌子，高一点的用来作画，低一点的用来译著，只要他一动笔，银圆就滚滚而来。因此，有人戏称他的书房是"造币厂"，还给他起了个"造币者"的别号。而他却在书房门楣上写了"磨坊"两字，意思是他像驴子下磨坊磨面一样，一天不磨，就无法生活。

　　林纾还有一个"补柳翁"的别号。他曾在杭州生活过，他非常喜欢杭州的湖山之美，也很爱护西湖的美景。他每游西湖时，总是留心查看何处缺树，并一一记在心中。待到第二年清明，便亲自购买垂柳树苗，让人补栽到缺柳之处。他的这一行动，一时在杭州传为佳话，人们因此称他"补柳翁"。他也特意为自己取了"西湖补柳翁"和"六桥补柳翁"两个别号，还专门刻了一枚"补柳翁"的印章，常常加盖在他的画上。

37."幽默大师"林语堂

林语堂是中国近代著名学者、文学家、语言学家。

林语堂是一个充满生活情趣和语言幽默的人。据考证，他是最早将英语"humor"译成汉语"幽默"的人。

"幽默大师"林语堂

林语堂对幽默很有研究，其生活、教学、演讲、文章无不充满了别具情趣的诙谐与幽默，人称"林氏幽默"，人们也因此称他为"幽默大师"，这也成了他最有名的别号。

林语堂的幽默在演讲中表现得尤为突出。有一次，林语堂在台北参加一个学校的毕业典礼，他在讲话之前，上台讲话的人都是长篇大论。待到他讲话时，时间已是十一点半了，只见他走上主席台，清了清嗓音说道："绅士的讲演，应当像女人的裙子，越短越好。"说完他便转身回到了自己的座位。台下的人一时没反应过来，都在发愣，全场鸦雀无声。短暂的静寂之后，随即爆发出热烈的掌声和欢笑。

还有一次，在美国的一次书展上，林语堂作为著名作家被邀请在会上做演讲。那时，他在美国已很有名气，他的《吾国吾民》《生活的艺术》等书，已成为美国最畅销的书，他的《生活的艺术》在美国重印了 40 次，并被译成多国文字，成为欧美各阶层的"枕上书"。到会的读者争相目睹他的风采，聆听他的演讲。林语堂用流利的英语演讲，他那雄辩的口才和俏皮精湛的演讲内容，令听众为之折服。正当大家听到入神处，林语堂却突然收住了语气，说道："中国哲人的作风是：有话就说，说完就走。"说完，他便飘然而去。开始听众尚没反应过来，稍停，听众反应过来了，开始为他欢呼叫好。因为他们已意识到林语堂最精彩的内容已讲完了，这正是他的幽默之处。

还有一次，他在古巴的一次集会上演讲，在讲到什么是世界大同理想生活时，他说："世界大同的理想生活，就是住在英国的乡村，屋里安装有美国的水电煤气等管子，有个中国厨子，有个日本太太，再有一个法国情妇。"听众听了，无不为之拍手叫绝。后来，这段话成了幽默的经典，广为流传。

林语堂在美国哥伦比亚大学讲授"中国文化"课程时，向美国青年学生大谈中国文化的好处。有一位女学生见林语堂滔滔不绝地赞美中国文化，便站起来问林语堂："林博士，您好像是说，什么东西都是你们中国的最好，难道我们美国没有一样东西比得上中国吗？"林语堂略一沉思，乐哈哈地说："有的，你们美国的抽水马桶要比中国的好。"这机智幽默的回答，引得大家大笑不止。

林语堂不仅在美国和欧洲有很高的知名度，在南美也很有名气。当时，巴西有一位贵妇人很钦慕林语堂，恰好这时有人赠给她一匹名马，于是她就给这匹马取名叫林语堂。后来，这匹马参赛，巴西的各报都以大幅标题登出"林语堂参加竞赛"。比赛结束，这批马没得到名次，于是，当晚的报纸又以大幅标题报道

"林语堂名落孙山"。后来，有人将此事告诉了林语堂，这位"幽默大师"风趣地说："并不幽默。"

林语堂在教学中，也尽显幽默与风趣。林语堂在东吴大学法学院兼英文课时，开学的第一天，林语堂带了一个装满花生的皮包来上课。只见他登上讲台之后，不慌不忙地打开皮包，将花生分给学生，学生不知他是何意，也没人敢吃。这时，林语堂用流利的英语说道："吃花生必须吃带壳的，一切味道与风趣，全在剥壳。剥壳愈有劲，花生米愈有味道。"说到这里，他将话锋一转，说道："花生又叫长生果，诸君第一天上课，请吃我的长生果，祝诸君长生不老！以后我上课不点名，愿诸君吃了长生果，更有长性子，不要逃学，则幸甚幸甚。"同学们听了，被他的幽默逗得笑声不止，笑声中也开始响起了剥花生的声音。

林语堂在生活中，也是一个充满情趣和幽默的人。

林语堂和妻子廖翠凤结婚后，马上提出来要把结婚证烧了，妻子问为何要烧？林语堂说："结婚证只有离婚才用得上，烧掉结婚证是表示我们永远相爱，白头偕老的决心。"妻子欣然同意。

林语堂到了晚年，仍洋溢着孩子一样的童趣，依然表现得很幽默风趣。他很喜欢二女儿的两个孩子，常常和他们在一起玩耍，还不时和他们一起搞点恶作剧。一次，他把两个孩子的鞋子故意放到了桌子上，他和孩子则躲进了衣橱里。妻子回来，发现桌子上的鞋子，正感到奇怪时，他和两个孩子一起冲了出来，大喊大叫，搞得妻子哭笑不得。

还有一次，林语堂突然产生了要把自己变成孩子的奇想，于是，他把自己小时候的照片拿出来，与两个孩子的照片拼接到一起，然后冲洗出来给人看，说："你们看，我们都是孩子。"

　　林语堂就是这样一个人，一直到老都充满情趣和幽默，是一位不折不扣的"幽默大师"。

38. "民国狂士"刘文典

刘文典，字叔雅，安徽合肥人，是我国著名的学者。刘文典学识渊博，学贯中西：通晓英、德、日等多国文字，尤其对《庄子》、校刊学、版本目录学、唐代文化史的研究，成就卓著，是我国杰出的文史大师、校勘学大师和研究《庄子》的专家。

博学多识、性格张扬的著名学者刘文典。

刘文典是同盟会会员，曾担任过孙中山的秘书、安徽大学校长、北京大学等几所大学的教授。新中国成立之后，曾任全国政协第一届、第二届委员。

刘文典博学多识，性格外露张扬，恃才自傲，有"民国狂士"之称，他自己也承认："我最大的缺点就是骄傲自大。"

说起刘文典的狂傲，有许多逸事。他曾自夸，狂妄地说中国懂得《庄子》的总共有两个半人，一个是庄子本人，另一个就是他，其他的加起来勉强算半个。他在北大任教时，对已有些名气的沈从文也不看在眼里，在沈从文升为教授时，他尖刻地说："在西南联大，陈寅恪才是真正的教授，他应该拿四百块钱，我该拿四十块钱，沈从文该拿四块钱，可我不会给他四毛钱。沈从文都是教授，那我是什么？我不成了太上教授了吗？"

刘文典的性格还表现在他不畏权贵上，他在安徽大学任校长时，因为发生学潮被蒋介石召见，被召见时，他不脱帽、不行礼，称蒋介石为"先生"而不称"主席"。结果被蒋介石以"治学不严"而拘押，章太炎听到此事后，对刘文典的骨气非常欣赏。特亲手书一联相赠："养生未羡嵇中散，疾恶真推祢正平。"这副对联至今还保存在刘文典次子刘平章家中。

刘文典虽表现狂傲，但却很有气节。日本占领北平后，鉴于他的名望，曾让周作人给他做工作，让他出任伪职，遭到他断然拒绝。刘文典对周作人说："国家民族是大节，马虎不得，读书人要爱惜自己的羽毛。"日本人威逼他，他拒不回答任何问题，问他为何不用日语作答，他说"以发夷声为耻"，表现出了他鲜明的爱国情感。他后在朋友的协助下逃离北平。

刘文典除"民国狂士"别号外，还有"小兔子""狸豆鸟""二云居士""擦皮鞋者"等几个别号。

"小兔子"的别号源于他在北大任职时。当时北大人才济济，其中有六位著名教授都属兔，刘文典是其中之一。这六位"兔子"中，蔡元培最大，被人称为北大的"老兔子"，陈独秀和朱希祖比蔡元培小一轮，被称为北大的"中兔子"，刘文典、胡适、刘半农比蔡元培小两轮，最小，被人称作北大的"小兔子"。这个别号当时在北大流传很广，以至于他们的休息室也被人称作"卯字号"。

"狸豆鸟"这个别号是刘文典自己起的，学生们觉得很有趣，常常以此别号称呼他。刘文典字叔雅，"狸豆鸟"中的"狸"与"刘"古时通读，"叔"就是豆子，"鸟"则为"鸦"，是"雅"的异形字。由此联系，"狸豆鸟"就是"刘叔雅"，刘叔雅就是刘文典。这是一个将自己的名字嵌入其中的生动有趣的别号。

"二云居士"这个别号里的"二云",指的是"云腿"和"云土"。"云腿"是人们对云南宣威火腿的称呼,"云土"则是云南产的鸦片,刘文典喜爱这两样东西,常常在其居所享用,所以人们给它起了个"二云居士"的别号。刘文典爱吃云南宣威火腿,系个人爱好,无可非议,喜食鸦片则是他的污点了。刘文典染上烟瘾,据说是因长子之死,神志消沉,不能自拔,吸上了鸦片。后来戒掉了,但到了昆明西南联大时,因当地产云土,便烟瘾复发,又吸起来了,且烟瘾日增。为了筹得资金购买鸦片,它便为各地的土司、旧军人、官僚撰写神道碑、墓志铭等,收取酬金或鸦片。后来,为了鸦片他还去了离昆明千里之外的磨黑,为那里的大豪绅张孟希的母亲传写墓志铭,张孟希则供给他鸦片和一家三口的生活费用。此事在当时的影响很大,以致他回昆明后,西南联大不再发给他聘书,他只好去了云南大学。这也使他的"二云居士"别号广为流传。新中国成立之后,他彻底把鸦片戒了,改抽"大重九"香烟,一天要抽两包。

刘文典"擦皮鞋者"的别号,是他1957年在北京全国政协会议期间,写给次子刘平章信中使用的。当时,他在书店中看到《苏联画报》上有一幅名为《擦皮鞋者》的讽刺溺爱子女的漫画,画中画的是一位满脸皱纹、身着破衣的老头在寒冬中蹲在地上为儿子擦皮鞋。此时,正好他的儿子来信向他讨要生活费,他想到自己对孩子的溺爱,就像漫画上那位为儿子擦皮鞋的老头,不免有些自责,于是便给儿子写了一封落款为"擦皮鞋者"的信。儿子得知父亲使用"擦皮鞋者"这个别号的用意后,很受感动。

39.“三不来教授”黄侃

当年在北大，若提起黄侃，人们都
知道他就是大名鼎鼎的“黄疯子”。之所
以如此有名，一是因为他国学造诣很深，
名声很响，与他的老师章太炎并称为“章
黄之学”；另一个原因则是因为他行为怪
僻，喜欢骂人，人皆知之。

黄侃与钱玄同都是章太炎的学生，
两人又同在北大教书，而黄侃却在课堂
上公开骂钱，说钱玄同的讲义是他一泡
尿得来的，而且讲得绘声绘色。他说，
当时他与钱同在东京，一天，钱到了他
的住处，他因要小便，离开了屋子，回

学识渊博，行为怪僻，
有“黄疯子”之称的著
名学者黄侃。

来则发现他的一本笔记没有了，问钱拿了没有，钱说没见。现在
看钱的讲义，则完全是他笔记中的文字，钱能赖吗？说是他的一
泡尿成就了钱。骂人骂得够刻毒的。

他还曾骂过胡适。胡适对墨子很有研究，一次宴会，胡适与
黄侃坐在一起，便与他谈起了墨子。而黄侃竟骂道：“现在讲墨子
的人，都是混账王八蛋！”胡适知道这位“疯子”喜欢骂人，也
就没理会他。没想到，黄侃竟又接着骂道：“胡适的父亲，也是混
账王八蛋！”胡适不愿意了，便责问他为何侮辱他的父亲。黄侃
却笑着说：“你不要生气，我只是考考你，你知道墨子是讲兼爱

的，所以墨子说他是无父的。而你的心中还有你父亲，可见你不是墨子的标准信徒。"胡适无可奈何，只好不说话了。

黄侃性情乖张，行为怪癖，喜欢骂人，但在做学问和教学上却都是很认真的。他为自己取了一个"量守居士"的别号，将书房命名"量守庐"。这个别号典出陶渊明的"量力守故辙，岂不寒与饥？知音苟不存，已矣何所悲。"量力守故辙也就是量力守法度。黄侃在治学上，始终以此为准则，恪守师法，不失分寸。见到别人持论不合古义，他就瞪眼怒目而视，不与其交谈。此别号也表达了他安于清贫、鄙薄名利、潜心学术之志。

黄侃对国学的研究确实下了一番功夫，常常废寝忘食。一日，一友人登门拜访，一进门，见黄侃一手拿书，一手拿馒头，欲食又止，友人知其正沉溺书中，不便打扰，便坐下等候。突然听到"啪"的一声，吓了一跳，站起来一看，原来是黄侃读到精彩处，在桌子上猛击了一掌，击掌之后，正将馒头蘸着墨汁往嘴里塞，嘴脸已花了一片。

黄侃在北大讲课时，课讲得很好。每讲完一篇文章或一首诗，他总还要高声念一遍，念得抑扬顿挫，很好听，听课的同学也跟着念，当时称"黄调"。"黄调"与《广韵》吻合，古味十足，学生很喜欢。所以，每到晚上，宿舍里到处都可以听到"黄调"。

黄侃讲课很认真，但却从不给学生布置作业，到了期末考试，他也不看试卷，也不打分。教导处逼急了，他就写了个条子，上写"每人80分"。他的意思是，学生总想得甲等，给90分，学生不配，他也不愿意，给70分，学生又不愿意，80分正合适。教导处不满意，但又知他的名气和脾气，只好不了了之。

黄侃还有一个响亮的别号叫"三不来教授"。这个别号的由来是他在南京中央大学教学时与校方的一个约定，即下雨不来、降雪不来、刮风不来。这个别号学生都知道，所以，一到阴天刮风，同学就开始猜测他来不来上课了。

"三不来教授"也有一次例外，这次例外还留下了一个故事。有一天，天降小雨，黄侃破例来上课了，当时他穿了一双带钉的鞋，也就是木屐，走进了学校。学生见"三不来教授"雨天来上课了，都感到惊奇。上完课，天晴了，黄侃便将木屐用报纸包起来，夹在腋下回家。走到校门口，新来的门卫不认识他，见他土里土气，腋下又夹着个包，便上前盘问，这下惹怒了黄侃，他也不回话，扔下包就走。好不容易破例来了一次，还受此羞辱，恼怒的黄侃干脆不来了，晴天也不来了，后经主任、校长多次登门道歉，才重新来上课。

黄侃很受章太炎赏识。章太炎一生清高孤傲，目中无人，但对他的这位得意门生却赞许有加。1935年，在黄侃50岁生日时，他还特意为他写了一副对联表示祝贺。对联曰："韦编三绝今知命，黄娟初裁好著书。"对联无意中藏了"绝命书"三字。黄侃看到，大为惊愕。没想到，黄侃真的在当年的10月8日，因饮酒过量，胃溃疡病突发，吐血而死，年仅50岁。据说章太炎也对自己这副对联竟成谶语而悔痛不已。

40."藏晖先生"胡适

胡适,安徽绩溪人,1891 年生于上海,原名嗣穈,上学时改名洪骍。嗣穈之名是他中过秀才的父亲引据《诗经》中名句为他起的。胡适之名则是他在上海上学时,因受英国赫胥黎《天演论》进化论的影响而起的。当时,《天演论》在学生中影响很大,用其名句起名的很多,胡适则在他二哥的建议下,根据"物竞天择,适者生存"这句话,为自己取名"胡适",字"适之"。开始时,做笔名,后来就用来做名字了。

胡适小时候,身体很弱,不爱活动,母亲对他要求又严,于是,他无论在什么地方,都显得规规矩矩,

胡适的名字是受《天演论》的影响而起的。这是胡适1914年留学美国的照片。

文绉绉的,人们都说他"像个先生的样子",因为他原名叫嗣穈,所以就给他起了个"穈先生"的别号。这个别号叫出去之后,更约束了他,有一次,他和门口的孩子们一起玩"掷铜钱",一个老者看到后,笑着说:"穈先生也掷铜钱吗?"胡适听了感到很羞愧,好像有失了他的"先生"的身份。

14 岁那年,胡适考上了中国公学,当时他年纪最小,个子又矮,多数同学都比他大,视他为小孩,并用日本人对小孩的叫法,给他起了个别号叫"子供",就是"小孩子"的意思。

胡适长大以后，变得帅气了，一表人才，有了美男子之称。而这时候的他，却不再是文绉绉的"糜先生"了，开始变得放荡不羁，常常与一帮浪漫朋友一起酗酒、赌博、游荡于灯红酒绿之中。他曾写过一首诗描述他当时的心境："酒能销万虑，已昏醉如泥。烛泪流干后，更声续断时。醒来还苦忆，起坐一沉思。窗外东风峭，星光浓欲垂。"

胡适晚年时的一张照片

后来，一次遭遇教育了他，使他猛醒。那是一个小雨的傍晚，他和朋友狂饮之后，在回家的路上竟借着酒劲和警察争斗起来，结果，被抓起来关了一夜。第二天，清醒之后，看着自己的狼狈相，很是后悔。这时，他想到了李白的名句"至人贵藏晖"，认为自己再也不能这样狂野下去了，应该收敛藏晖。于是，他断绝了与浪漫朋友的交往，开始闭门发愤读书，并将自己的书房取名"藏晖室"，还为自己取了"藏晖室主人"和"藏晖先生"两个别号，以示藏晖的决心。

藏晖后的胡适，经过长期奋发努力，终于成了博学多识的学者、诗人、教育家。胡适一生获得过 36 个博士学位头衔，写下了两千余万字的学术著作，为世界所罕见。胡适的 36 个博士学位中，法学 28 个、文学 7 个、人文学 1 个。就获得国家和地区而言，美国 32 个、加拿大 2 个、英国 1 个、香港 1 个。

在胡适的 36 个博士学位中，有一个很特殊，那是 1917 年他

在美国哥伦比亚大学的哲学博士学
位。当时他已完成了《中国古代哲
学方法之进化史》的博士论文，也
完成了博士学位的最后考试——口
试，但却没有得到正式的博士证书，
直到十年后的 1927 年，哥伦比亚
大学才正式给他补发了博士证书，
这份迟到的博士证书使胡适等候了
十年。胡适曾任美国大使，外交活
动很多，外国人在称呼他时，多称
他为胡博士，但因发音不准，都叫
成了"候博士"。人们联想到他那

这是胡适在香港大学接受名
誉博士时的照片。

久久等候的，迟到的博士证书，觉得这个叫法很有意思，于是，
就把"候博士"当成胡适的别号叫开了。

胡适在提倡白话文时，受到攻击，有人给他起了两个别号，
一个是"黄蝴蝶"，一个是"著作监"。

1916 年 8 月，胡适尝试用白话写了首名为《窗上有所见口
占》的小诗，诗的开头两句是："两只黄蝴蝶，双双飞上天。"这
本是一首很平常的白话文小诗，却引来了反对白话文学者的猛烈
攻击，说白话文诗是"驴鸣狗吠"，还为此给胡适起了个"黄蝴
蝶"的别号，甚至直呼他为"黄蝴蝶"。

在反对胡适提倡的白话文运动中，章太炎是最为突出的。当
时章太炎和胡适同在北大任教，但观念却大相径庭。章太炎是赫
赫有名的国学大师，一生重视国学，最反对胡适提倡的白话文，
认为白话文虽浅显易懂，但将来就没有"文人"了。所以对胡适

很反感，一有机会就要贬胡适，且语言尖酸刻薄。有一次，他在学生中，竟戏称胡适是"著作监"。学生不懂这个别号的意思，就去问他，章太炎即说："著作者，写书著书也；监者，太监也，太监者，下面没有也。胡适著作《中国哲学史大纲》上册，而下册没有也，故曰著作监也。"

41."二一老人"李叔同

李叔同是中国近代史上充满传奇色彩的人物，他出身豪门，曾留学日本，他博学多才，是著名的艺术家、教育家，对诗词、书法、篆刻、绘画、音乐、戏剧，无一不精。他还是中国话剧的创始人之一，是中国人体艺术绘画的创始人，也是我国第一个用五线谱进行音乐教学的人。

由他填词创作的歌曲《送别》"长亭外，古道边，芳草碧连天，晚

李叔同出家前留影

风拂柳笛声残，夕阳山外山"，至今受人喜爱，传唱不衰。他还培养了一批在中国近现代史上有重要影响的文史艺术人才，像丰子恺、潘天寿、刘质平、吴梦非等皆出自他的门下。

李叔同本有一个美满的家庭。他有两位妻子，第二任妻子是一位日本姑娘。他的两位妻子都非常美丽贤惠，然而，他却在断食 20 余天后，开始食素，并于 1918 年毅然到杭州虎跑寺剃度出家，做了和尚，他的妻子带着孩子到寺庙跪下磕头，请他回心转意，头都磕破了，他的儿子也呼号要他回去，他的日本妻子也来寺庙，苦苦哀求，但他却始终不为所动。

李叔同出家之后，黄卷青灯，芒鞋破钵，潜心研究佛法，而且提出念佛不忘救国，救国不忘念佛。他对南山律宗的研究和传播做出了重要贡献，被人尊称为"重兴南山律宗第十一祖"。

李叔同出家后留影

李叔同幼名成蹊，学名文涛，字叔同，号漱筒，法名演音，号弘一。李叔同学识渊博，对名、字、号很有研究，曾为自己起过二百多个名、字、号，而且每一个都有深刻含义，都有来历和故事。一般人所熟悉的是他出家前的名字李叔同，出家后的法号弘一，称他为"弘一法师"。

李叔同的二百多个名、字、号中，有一个"二一老人"的别号尤受人推崇，也最能表达他的情操和睿智。

李叔同对他这个别号的由来是这样说的："到今年民国二十六年，我在闽南所做的事情，成功的却是很少很少，残缺破碎的居其大半。所以我常常自己反省，觉得自己的德行，实在十分欠缺，因此近来我自己起了个名字叫'二一老人'，什么叫'二一老人'呢？这有我自己的根据。记得古人有诗句，'一事无成人渐老'，清初吴梅村临终的绝命词有'一钱不值何须说'。这两句诗的开头都是一个'一'

李叔同"悲欣交集"书法

231

字，所以我用来做自己的名字，叫作'二一老人'。"实际李叔同在闽南的十年，正是他明倡佛法、广结善缘之时。此时的他已在海内外享有极高的声誉，而他却称自己是一事无成、一钱不值的"二一老人"，这是何等高尚的境界。北京人艺副院长、著名演员濮存昕对李叔同十分敬仰，对他的这一称号尤为推崇。为此，他刻了一枚"二一之徒"的印章，自称是他的徒弟。正是这份情怀，使他在《一轮明月》中将"弘一法师"的形象表演得如此深刻传神，获得巨大成功。弘一法师的"二一老人"称号也得以广泛传播。

1942 年 10 月 10 日，一代才子、名僧李叔同圆寂于泉州不二祠温陵养老院中，享年 56 岁。

李叔同去世前三天，手书了"悲欣交集"四字赠送给了侍者妙莲。这四个字完整地表达了他告别人世前的心境：悲的是人世间苦人多，仍未脱七情六欲的红尘；欣的是自己的灵魂如脱，即将远赴西方净土。

42. "磨剑室主"柳亚子

著名诗人柳亚子是一位具有强烈爱国主义思想的民主革命思想家。柳亚子少年时期即受进步思想影响,追求真理和光明。早年曾参加过同盟会,担任过孙中山总统府秘书长,抗日战争时期与宋庆龄、何香凝等人从事抗日民主救亡活动。毛泽东称赞他是"有骨气的旧文人",是"人中麟凤"。

柳亚子出身书香世家,江苏吴江人。他家中有一座藏书楼,楼上有一间书屋,是柳亚子青年时代读书的地方。柳亚子钦慕唐代诗人贾岛《侠客诗》中"十年磨一剑,霜刃未曾试。今日把示君,谁有不平事"的豪侠之气,便将书屋命名"磨剑室",并自称"磨剑室主"。当时他倾向革命,与蔡元培、章太炎、邹容等时常往来,受他们的影响,志在反清,崇尚侠义,大有扬眉出鞘之姿态,为此,他还为自己取过一个"侠少年"的别号。

柳亚子敬仰南宋词人辛弃疾的民族气节和爱国精神,决心做一个像辛弃疾一样充满激情、勇于战斗的革命者。于是,为自己取了"弃疾""弃疾子""柳弃疾"等别号。关于"弃

柳亚子是我国著名的爱国诗人、学者。原名柳慰高。他曾多次改名,其名和号都有典出,并富有深刻含意。

233

疾子"别号，柳亚子说巢南（著名诗人，柳亚子好友）改名去病，想学霍去病扫荡匈奴，我则想学习辛弃疾，为祖国统一而奋斗，而去病和弃疾正好相对称，当时，仪征的刘师培给南巢作序时，自称"光汉子"，于是我就称"弃疾子"了。

柳亚子忧国忧民，勇于斗争，不畏攻击和迫害。"皖南事变"发生后，他与宋庆龄、何香凝、彭泽民联合发表宣言，谴责蒋介石倒行逆施，结果被开除了国民党党籍。他眼睁睁地看着祖国的大好河山濒临危亡的绝境，而自己的救国救民行动却屡遭打击，这使他很苦闷，他在上海、香港、桂林、重庆等地辗转流浪时，自比是吟行泽畔的屈原。

1942年，柳亚子与青年画家尹瘦石相遇。尹瘦石敬仰柳亚子的气节，便以他为模特画了一幅屈原像，这幅屈原像在后来的"柳诗尹画联展"上展出时，引起轰动。郭沫若为此写了一篇《今屈原》的文章，文章中写道："是屈原，也是亚子，亚子今屈原，屈原古亚子也。"从此，"今屈原"作为柳亚子的别号传开了。

柳亚子还有一个"红梨阁侍者"的别号，这个别号是柳亚子为感谢夫人郑佩宜而起的。郑佩宜出身书香门第，家住盛泽，盛泽有一湖，湖畔种有万株红梨，花开时一片灿漫，湖因此得名"红梨荡"。郑佩宜嫁给柳亚子时，带来不少书，柳亚子很珍惜，专门刻了一枚"红梨饭"印章纪念之。意思是红梨阁的藏书是他的精神食粮也。

郑佩宜对柳亚子关心备至，而且全力支持他的革命事业。柳亚子曾为郑佩宜写过一首诗，诗中有"怀抱生平马克思，最难燕妮共艰危"之句，将夫人比作始终追随马克思的燕妮，充满了对夫人的敬意和感激之情。

43."鉴湖女侠"秋瑾

　　秋瑾是我国近代史上著名的资产阶级革命家，1877年出生在浙江绍兴一个官僚家庭，原名秋闺瑾，小名玉姑，后去掉名中温婉的"闺"字，改称秋瑾。秋瑾从小便有着不同于寻常女子的志趣，少年时代的秋瑾便喜欢读经史、作诗词，敬慕《史记》中所赞颂的"游侠"，她喜欢骑马击剑，穿男士服装，16岁时又随舅父学习武艺。她性格倔强豪放，嫉恶如仇，具有豪侠气概。她曾说自己是"身不得，男儿列，心却比，男儿烈"。为探索救国救民的道理，她冲破封建家庭束缚，只身东渡日本留学。在日本留学期间，她参与创办《白话报》，积极宣传革命思想，并参加了光复会和同盟会，成为同盟会浙江省主盟人。回国时，她在送行会上，从靴中拔出短刀，猛地插在桌上说："若回国后投降满虏，卖友求荣，欺压汉人，吃我一刀。"这表现了她反清斗争的决心。回国后，在一次与女友聚会时，曾写诗道："不惜千金买宝刀，貂裘换酒也堪豪。一腔热血勤珍重，洒去犹能化碧涛。"诗歌表达了她愿为革命流血牺牲的侠肝义胆。

自号"鉴湖女侠"的女中豪杰秋瑾。

　　秋瑾的祖居位于鉴湖之畔的福金乡，鉴湖古称镜湖，这里风景优美，人才荟萃，文物史迹丰富。秋瑾热爱鉴湖，鉴湖也激发了她的爱国之情，但她看到的祖国却是政府腐败无能，列强不断入侵，民族处在危亡之中，这令她痛心疾首，她立志要为民族报仇雪耻，要做一名"革命女侠"，不惜流血牺牲。为此，曾作《宝刀歌》以抒情怀："铸造出千柄万柄宝刀兮，澄清神州；上继我祖黄帝赫赫之威名兮，一洗数千数百年国史之奇羞！"她为自己取了"鉴湖女侠"之别号。人们敬佩她的勇气和精神，认为"鉴湖女侠"符合她女中豪杰的身份，所以喜欢用这个称号称呼她。

44. 梁启超两个自号的含意

梁启超是中国近代著名启蒙思想家、改良运动领袖。他 1873 年出生于广东新会一个小地主家庭，自幼聪慧，7 岁就能应对。他的家乡曾流传一个他 7 岁应对的故事。说有一天，他父亲的朋友来他家，7 岁的梁启超给客人端来一碗茶，客人想试试他的才分，随口说了句"饮茶龙上水"要他对，这本是新会地区的一句俗语，梁启超随口答道"写字狗扒田"，这也是新会的俗语，对得非常巧妙。客人随后又说了一句"东篱客采陶潜菊"，梁启超

启蒙思想家梁启超，知识渊博，胸怀大志，他为自己所取之号都有典出和深刻寓意。

又马上答道"南国人怀召伯棠"。客人见如此小童竟能对出如此巧对，大为赞叹，连称他是神童。梁启超 12 岁考取秀才，17 岁中了举人。后拜康有为为师，协助康有为编撰变法理论著作，跟随康有为发动"公车上书"，主编《时务报》，积极宣传维新变法，和康有为一起领导了戊戌变法，人称"康梁"。

梁启超博学多才，所起的号也都有讲究，不仅引经据典，而且很有气势，寓有深刻的含意，表达了他的思想和志向。

梁启超"任公"之号，典出《庄子·外物》，说的是古时候有一个善于捕巨鱼的人叫任公，他用大钩粗帛做钓具，以五十头牛

为钓饵，蹲在会稽，下钩东海，待大鱼吞钩，牵动鱼钩在海中挣扎，千里之内都受震动。后人以"任公钓鱼"比喻豪迈的行动和远大的抱负。梁启超借此典故，用"任公"为号，正体现了他立志救国的雄心壮志和远大抱负。

这是梁启超署有"任公"之号的墨迹。"任公"之号气势磅礴，寓意深刻，很能体现当年梁启超的胸怀。

戊戌变法失败后，梁启超逃亡日本。此时的梁启超壮志未酬，心情焦灼，忧国忧民之情更为强烈。于是，他为自己取了个"饮冰室主人"的别号，此号典出《庄子·人世间》："今吾朝受命而夕饮冰，我其内热与？"意思是说，早晨接受诏命后，暮夕饮冰水，说明内心恐惧忧愁，焦灼不安。此号真实地反映了梁启超当时的心情和救国救民的急切心态。1899年梁启超本人曾在他的《自由书·叙言》中谈到此号的出典和用意，是为表明自己变革救国的焦灼与冷静心态。后来，他还用此号出版了两部著作——《饮冰室合集》和《饮冰室诗话》。

人们从梁启超这两个号的典出和寓意，可以看出这位资产阶级思想家早期对维新变法思想的执着追求和强烈的爱国之情。但遗憾的是，戊戌变法失败后，这个激进的变法勇士却成了一位保守的立宪保皇派。

45．"五不居士"翁同龢

　　翁同龢是清朝末年颇具影响的高官，1830 年出生在常熟一个世宦家庭。翁同龢字声甫，号叔平，又号松禅，自幼聪慧，22 岁中举，26 岁中状元。他曾担任过同治、光绪两个皇帝的老师，还担任过户部侍郎，都察院左都御史，刑部、工部、户部尚书等职务。翁同龢政治思想比较进步，1885 年中法战争时力主抵抗，1894 年中日甲午战争时反对李鸿章求和，康有为、梁启超进行维新变法时他也积极支持。

　　翁同龢支持变法，企图让光绪帝亲政的态度遭到慈禧太后的忌恨。为了打击维新运动，削弱帝党，在"百日维新"开始不久，慈禧便强迫光绪皇帝下诏，以翁同龢"渐露揽权狂悖情状，断难胜枢机之任"为由，将其开缺回籍。戊戌变法失败后，翁同龢又因保荐过康有为等人，遭到弹劾，加重处分，"革职永不叙用，交地方官严加管束"。

曾为同治、光绪两位皇帝老师的翁同龢，变法失败后避居故里，自号"瓶庐居士""五不居士"。

　　回到故里常熟的翁同龢，深知慈禧居心叵测，为避杀身之祸，他写了"瓶庵"两个大字挂在墙上，并为自己取名"瓶庐居士"，寓意守口如瓶。

　　按"交地方官严加管束"的要求，翁同龢须于每月的初一、

十五向地方官汇报思想，为了避免这一难堪的局面，每逢这两天，翁同龢便早早离开家到虞山墓地，地方官也不愿难为这一高官，还担心有一天他官复原职不好交代，于是，这两天也只是到翁府走走过场。

翁同龢被罢官居住在"瓶庵"时，曾在门上贴了一项规约，上写着五条"不"："一不写荐信，二不受请托，三不赴宴会，四不见生客，五不纳僧道。"还以此给自己取了个号，叫"五不居士"。人们透过翁同龢这份"五不"规约，可以看到这位清末地位显赫的高官严格自律、廉洁正直的一面。

翁同龢在"瓶庵"以作诗、写字消遣时日。此时，常来"瓶庵"的有两人，一是翁的外甥俞金门。俞很有学问，常来与翁舅谈论诗文，求教学问，很受翁的欢迎。二是光绪年间的状元张謇。张謇是近代著名立宪派、企业家。张謇考中状元时，翁是主考官，有师生之谊，所以过从甚密。

1904年，翁同龢在常熟病逝，享年74岁。去世后被安葬在虞山鹁鸽峰下的家族墓地，墓前立着他生前手书的"清故削籍大臣之墓"的墓碑。1985年，此墓被江苏省人民政府列为江苏省文物保护单位。

46."洹上渔人"袁世凯

袁世凯，字慰亭，号容庵，河南项城人，故又称袁项城。

袁世凯早年投靠淮军吴长庆，随军进入朝鲜，后任驻朝鲜通商大臣。1895年开始在天津小站训练新军，由此发家，逐渐形成北洋军阀体系，最终成为北洋军阀首领。

戊戌变法期间，袁世凯表面赞成维新运动，暗地却向荣禄告密，出卖维新派，致使戊戌变法失败，六君子被杀，光绪皇帝被囚禁瀛台。他由此取得慈禧太后宠信，官运亨通，步步高升，直至担任了直隶总督、军机大臣、外务部尚书，成为清政府握有军政大权的实权人物。

1908年，光绪和慈禧先后去世，醇亲王载沣为摄政王，掌握了权力。此时，朝野要求惩治袁世凯的呼声很高。据传，光绪皇帝死前留下一道遗诏，写了一个"斩"字，"袁"字写了一半就不行了。还传说，光绪皇帝交给隆裕皇后一张纸片，并对隆裕皇后说："杀我的是袁世凯。"也有说，光绪皇帝亲自用朱笔写了"必杀袁世凯"的手谕，放在他的砚台盒内，后为隆裕皇后发现。虽然这些说法都无法证实，但光绪皇帝1900年逃到西安后，经常"画成一龟，于背上填写项城（即袁世凯），粘之壁间，以小竹弓向之射之，即复取下剪碎之，令片片作蝴蝶飞……"是见于史书记载的，这足以说明光绪皇帝对袁仇恨之深。

载沣也极仇恨袁世凯，他掌权之后，决心除掉袁世凯，一为其兄报仇雪恨，二为杜绝后患。袁得知这一情况后，自然恐慌，终日提心吊胆。后载沣虽没杀掉袁世凯，还是借故他有足疾将其罢官，让他回老家养病去了。

袁世凯回河南之后，到了彰德洹上村，这里有他一座大庄园。此时的袁世凯自知处境危险，为了迷惑清廷，消除对他的注意，他在彰德装出一副陶醉于闲情逸致的样子，或扶杖漫步，花前月下；或吟诗作画，饮酒作乐；或泛舟洹水，披蓑垂钓。他长吟"散发天涯从此去，烟蓑雨笠一渔舟"，并让人为他拍了一张戴笠披蓑，静坐垂钓于船头的照片，到处送人，并自号"洹上渔人"，有时也称"洹上钓叟"，与人相见时，常以此号自称。他还写了像"烹茶檐下坐，竹影压精庐。不去窗前草，非关乐读书"等许多归隐诗，以示自己已经淡泊名利决心彻底隐遁了。这就是袁世凯自号"洹上渔人"的来历。

其实，袁世凯从未停止过恢复权力、东山再起的活动。据说，他密室中的电报机每天都在忙碌着。他所装扮的"洹上渔人"只不过是一种韬光养晦的手段罢了。果然，两年后，他东山再起，重握实权。继而，他又疯狂镇压革命，迫使清帝退位，当上了中华民国大总统，后又复辟称帝。但他的倒行逆施终于激起了全国人民的强烈反对，最后众叛亲离，在人民的声讨声中，忧惧而死。

47.“天津青帮帮主”袁克文

袁世凯多妻妾，也多子女，仅儿子就有17个，长子袁克定，二子袁克文。袁克文的生母是朝鲜贵族，袁世凯出使朝鲜时，朝鲜王将一公主赠予他为妾，这就是袁克文的生母金氏。随同金氏的有两位侍女，也被袁世凯收为妾。

袁克文字豹岑，号寒云。他是袁世凯17个儿子中最有才华的一个，有过目不忘的本领。他一表人才，多才多艺，

民国时期著名的风流才子袁克文

能文善诗，工书法，识金石，通晓音律，也喜爱女色，是位风流才子。

袁克文是世界著名物理学家袁家骝的父亲，袁家骝一家都是物理学家，夫人吴健雄被誉为“中国的居里夫人”，儿子袁玮承也是著名的核物理学家。

袁克文“豹岑”之字的来历颇具神秘色彩。对此，袁克文自己有过解说：“维岁庚寅（光绪十六年），克文生于朝鲜韩城，降生之日，先公假寐，梦朝鲜王以金练锁引巨豹来赠，先公受之，系豹堂下，食以果饵，豹忽断练，直窜入内室，先公惊呼而觉，适文生。先生母亦梦一巨兽，状亦豹也。先公遂赐名曰文，命字曰豹焉。”意思是说，在他出生之前，他母亲做梦，梦见一巨豹，出生的时候，他父亲又梦到朝鲜王给他送豹，所以，他父亲给他

取了个与豹有关的名字。袁世凯的儿子都以"克"字冠名，故其名克文，字豹岑。"岑"字，意为峻峭之山，古语有豹隐

袁克文书法

南山的说法，故"豹岑"寓意深刻。袁克文还用"豹岑"的谐音，为自己起了"抱存""抱公"两个别号。

关于他的号"寒云"的来历，有两种说法。一说，他因获得宋人王晋卿的《蜀道寒云图》，非常高兴，得物志喜，于是，为自己取号为"寒云"。另一说，他特别喜爱昆曲，昆曲《千忠戮惨睹》一曲，其《倾杯玉芙蓉》词有"寒云惨雾和愁织"之语，他喜欢唱此句，故取"寒云"两字为号。

袁克文娶过许多侍姬，有一个侍姬名叫薛丽清，本是一名妓，克文为她赎身后，为他改名叫"温雪"，与自己的"寒云"相对，以示宠爱。

"寒云"是袁克文常用的别号，但在民国十六年，他登报卖字时，却又突然声明不再使用这个别号。声明说："不佞此后将废去寒云名号，因被这寒云叫得一寒寒了十余年，此次署名用克文，在丁卯九月以后，无论何种书件，均不再用寒云二字矣。"但过了几年，他又重新使用寒云，并且在签名时，将云字写得好像是四十二，巧的是，他去世时正好是42岁。

袁克文信佛，为此，他还为自己取过两个法名，一个叫"坨旷"，一个叫"觉旷"。

袁克文喜欢收藏，每当他收藏到一件珍品时，都要用珍品之名，为自己的书斋重新命名。此名有时还作为自己的别号和笔名

使用。有一年，他得到一枚商代玉龟币，欣喜若狂，于是将其书斋改名为"龟庵"，写作时，也用"龟庵"为笔名。后来，他又得到一商鉴，又将"龟庵"改名为"一鉴楼"。

袁克文还有一个"皇二子"的称号。那是袁世凯称帝时，袁克文特意上书，要求父亲在册封皇子的名册上务必写明自己的身份是皇二子，为的是消除他的长兄袁克定对他的猜虑，以求自保。为了突出他这个身份，他还专门刻了一枚"皇二子"印。在他一些重要的书籍上，多加有此印。

袁克文反对袁世凯称帝。袁世凯称帝时，他拒绝试穿皇子服，还曾写过《感遇》一诗，诗中后两句是"绝怜高处多风雨，莫到琼楼最上层"。袁世凯得知后，大怒，将他软禁在北海。后来袁克文去了上海，加入了青帮，并在上海、天津等地开香堂，收门徒，成了帮主，有了"天津青帮帮主"的称号。因他身份特殊，影响很大，故有"南有黄金荣、杜月笙，北有津北帮主袁寒云"之称。

袁克文博学多识，风流倜傥，是当时颇有影响的传奇人物，他与军阀张作霖之子张学良、清皇室王爷溥侗、才华卓著的张伯驹并称"民国四公子"。

还有人将袁克文与三国时期的才子曹植相比。曹植字子建，故又称曹子建。曹植才华横溢，但深受长兄曹丕的猜忌。袁克文的"皇二子"的处境与其相似，又都是才子，所以，袁克文又有"袁门子建"之称。

48. "中国的山樵" 孙中山

孙中山于 1866 年生于广东省香
山县（今中山市），名文，字载之，
幼名帝象。

孙中山出生后，其父孙达曾找相
师为他相过命，相师说："此子非凡，
大富大贵，有九五之尊，皇帝之命，
其生辰八字须绝对保密。"为此，孙
达为儿子取了个小名叫"帝象"。

孙中山上学之后，老师为他取名
为孙文。

孙中山之名是由孙文和中
山樵合用而来。

孙中山还有一个别名叫"中山
樵"，这个别名是孙中山流亡日本时，他的日本朋友为了他的安
全，在住旅馆时，临时为他起的一个日本名字。在日本一直用这
个名字，他还曾幽默地说，"我是中国的山樵"。后来，"中国的
山樵"便成了他的一个别号。

孙中山这名，则是章士钊在翻译一本介绍孙中山革命事迹的
著作时，将孙中山的本名孙文和别名中山樵的两个姓连缀在一起，
写成了"孙中山"，后来这个别名传开了，久而久之，竟成了正
式的名字。

孙中山小时候，在家乡常听一位太平天国的老战士讲洪秀全
的故事，孙中山听得很入迷，并经常和孩子们一起玩太平天国打

仗的游戏。玩的时候，他总是扮演洪秀全，指挥大家冲杀。时间久了，孩子们便给他起了个"洪秀全第二"的别号。

孙中山酷爱读书，而且涉猎广泛。政治、经济、工业、农业，乃至天文地理等方面的书他都读，尤其读有关中外的历史书。他在医学院学习时，在他的宿舍里，除了医学用书外，还摆放着许多历史书籍，其中就有中国的二十四史。有同学见他摆放着这么多的书，认为他很可能是为了炫耀，未必读过。于是，有一位同学就想考考他。有一天，这位同学来到孙中山的宿舍，从二十四史中随意抽出一本，考问孙中山，没想到，孙中山不仅能从容说出书中的内容，而且还能结合清政府的腐败，阐述自己的革命观点。同学们听后，大为惊叹，深为敬佩，为此，还给他起了个"通天晓"的别号。孙中山在日本时，他的日本友人犬养毅曾问过他："先生于革命之外，还有没有别的嗜好呢？"孙中山答道："我一生的嗜好，除了革命之外，只有好读书，博览群书通天晓。"

孙中山的一生，是革命的一生，他"倡导革命，首创中华民国，更新政体，永奠邦基，谋世界之大同，求国际之平等，光被四表，功高万世"。时人出于对他的敬仰和爱戴，尊称他为"国父"。

49.“双清楼主”何香凝

何香凝是我国著名的女革命家，原名谏，又名瑞谏，广东省南海县棉村人。因在家中排行老九，所以仆婢称她九小姐，晚年亲戚们也亲切地叫她九姑婆。1897 年，她与后来成为国民党左派领袖的廖仲恺结婚。说起他们的结合，还有一段佳话。何香凝自幼聪明活泼，有个性。小时坚决抵制缠足，成为当时大家闺秀中少有的天足。何香凝长大后，父母为她担心了，怕她因天足找不到婆家。而这时恰巧偏偏有一个专找天足女子为媳妇的人家，这便是廖仲恺家。廖仲恺的父亲是一位侨居美国的华侨，后回到祖国。他在国外看到中国妇女缠足受人歧视的情景，立下遗嘱，自己的儿子必须讨大脚妇女为媳妇。而当时在国内找大足女子，尤其是找大家闺秀的大足女子还很困难。于是双方一拍即合，经媒人说合，很顺利地结成了秦晋之好。后来廖承志在他的《我的母亲和她的画》一书中还风趣地谈到这一情景：“外祖父恰恰听到有人到处敲锣打鼓地宣扬要讨一个没有裹过脚的女人做媳妇，那可不正好！”所以，人们

何香凝无论搬到何处，始终将自己的住处叫“双清楼”。这是她1950 年在新“双清楼”家中的留影。

说何香凝与廖仲恺结合是"天足缘"。

　　两人婚后住在了廖仲恺哥哥廖恩焘家。廖家住的是一座两层小楼，最初他们住在楼下一间。不久，他们为不受侄儿、侄女嬉闹干扰，便把平台上的两间破屋修整后搬到上面去住了。两人在这块小天地里，读书学习，谈论国事，情投意合，感情十分融洽。时逢中秋佳节，天高气爽，皎洁的月光洒入房间，其情其景令人陶醉，很有人月双清之感。何香凝触景生情，不禁写下了"愿年年此夜，人月双清"的诗句，并将自己的小屋命名为"双清楼"。他们在这里度过了五年的时光。后来，无论搬到何处，何香凝都把自

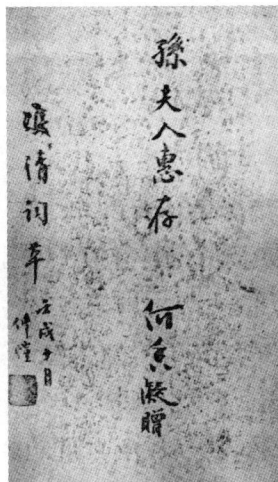

廖仲恺亲自为他们的诗词集题名《双清词草》。这是何香凝署名赠送宋庆龄的《双清词草》书影。

己的住处命名"双清楼"，并自号"双清楼主"。何香凝善画国画，她在她的画上署名都是"双清楼主"。她的儿子也很珍爱"双清楼"这个称号，廖承志的很多诗作都署名为"双清楼后人"。他还写诗"两代鬼雄魄，长久护两清"，表达了他对"双清楼"的深厚感情。1984年，人们编辑何香凝和廖仲恺的文集时，也用"双清文集"命名。

　　"人月双清"是一种清幽高洁的美好境界，这也正是何香凝、廖仲恺追求美好生活、献身革命事业高尚情操的体现。

50 . "布衣大佬" 吴稚晖

现在提起吴稚晖，恐怕很少有人知道他，但在民国时期，他却是一位家喻户晓的著名人物。他早年追随孙中山，参加过同盟会，是国民党的元老，他一生官衔很多，但这些官职绝大多数是挂个虚名，并无实权。他曾说："开大会，把我这个所谓'元老'请上主席台，照像让我站在前排，很像无锡惠山泥人'大阿福'，放在橱窗里摆摆样子。"为此，他给自己取了一个"大阿福"的别号。

吴稚晖曾是一位家喻户晓的著名人物。

吴稚晖行为怪诞，语言幽默尖刻，喜欢骂人，有"吴疯子"之称。这个称号源于他在南菁书院上学时。那时，他对孔子很尊崇。有一日，吴稚晖和同学见江苏学政坐轿经过孔庙，在下马碑前没有下轿，他很气愤，认为这是"非圣非法"的忤逆行为，便带头拦住了他的轿子，还捡起路边的石块向他砸去，弄得学政非常狼狈。后来，差役将他抓了起来。南菁书院山长黄玄同得知后，前去交涉，学政怕事情闹大了，人们会指责他非礼圣贤，也就顺势将吴稚晖送回了书院，要书院对他严加管束，南菁书院山长很赏识吴稚晖的尊孔精神，但怕他以后还会招来麻烦，便让他离开了书院，人们也为此送了他一个"吴疯子"的别号。后来，他生活中的一些怪诞行为，使他这个"吴疯子"的别号越发有名。

他在日本留学时，在一次大会上，他登台大骂慈禧太后，骂到一半时，不小心松了腰带，裤子掉了下来，他毫不介意地提上裤子后，照骂不误，直到骂够了，才走下台子。

1912年，年近五十岁的吴稚晖为了为刚诞生的中华民国募捐，特意扮作身穿黑西装、

吴稚晖的书法造诣很深，这是他的一幅书法作品。

围着红围巾、头顶用红绳扎成小辫的小丑上台表演，他手执平鼓和折扇，唱着自编的劝募歌，向大家募捐。有人说他表演得还不够味，于是，他干脆跪在台前叩头不止，而且愈叩愈急，人们被他的精神所感动，纷纷将银圆扔上台，有人甚至将金戒指、金手镯也扔了上来。这时吴稚晖站起来大声说道："我劝大家捐钱，我不捐钱，我下不了台，我只好把腰间所有的钱和大家的钱并入一堆，也算为我吴稚晖装点门面，凑凑热闹。"说完，他将腰带一松，若干银圆哗啦啦落地。人们见了，都为之欢呼鼓掌。

有一次，在一个讨论汉字注音符号的大会上，一名叫王照的学者与他争辩得面红耳赤，突然破口大骂他："老王八蛋，只知道嬉皮笑脸。"众人大惊，但吴稚晖却嘻嘻一笑说："哎呀，你弄错了吧？姓王的不是我，我姓吴。"众人听了，都大笑起来。

吴稚晖平时经常穿旧式中装，无论是参加大典盛会还是亲友的婚庆丧事，他都着长袍马褂，可是纽扣多不齐全。他喜欢穿圆

口布底鞋，而且将裤子塞在一双深色的长筒袜子里。满口的牙齿脱落了，也不镶，看上去，就像一个乡下佬。他自称是《红楼梦》中大观园里的"刘姥姥"。他与别人通信时，还常常提到这个别号，为此，人们除了称他为"刘姥姥"外，还给他起了一个"布衣大佬"的别号。

吴稚晖的书法造诣很深，他与于右任、谭延闿、胡汉民并称民国四大书法家。抗战时期，他在重庆生活困难，便在《重庆日报》上刊登广告，表示要卖字为生。直到抗战胜利，回到上海，还是生意兴隆，人们因此又送他一个"书画托拉斯"的别号。

51."新潮老头""周百科"

"新潮老头"和"周百科"是我国著名经济学家、语言文字学家周有光的两个响亮的别号。

周有光一生充满传奇。他活了 112 岁,一生经历了晚清、北洋军阀、国民党政府和新中国四个时期,有人戏称他是"四朝元老"。

周有光一百多岁时,仍腰板硬朗,思维清晰,充满活力。有人说,人老了,活一天,少一天。而周有光却说:"老不老我不管,我是活一天多一天。"他认为人过 80 岁,年龄要重新算起。他在 92 岁时,有一位小朋友给他送贺年卡,上面写的是"祝贺 12 岁的老爷爷新春快乐!"他见了这张卡高兴得三天没睡着觉。有人向他请教长寿秘诀,他总是开玩笑地说:"上帝把我忘掉了。"还戏称自己是"漏网之鱼",脱出了 20 世纪那张网,进入 21 世纪。

周有光自幼喜欢读书,尤其爱读"不列颠百科全书",他还收集了各种版本的"不列颠百科全书",珍藏在书房中。更有趣的是,当中英文化合作要翻译"不列颠百科全书"时,他竟做了中文版的三个编辑之一。他的连襟、著名作家沈从文风趣地称他为"周

周有光在写作

百科"。后来，这个别号传
开了，大家认为这个别号起
得好，有时干脆就直接叫他
"周百科"了。

　　周有光早年专攻经济学，
曾留学日本，并在美国工作，
后转向语言文字研究，《汉语
拼音方案》就是在他参与主

著名漫画家丁聪为周有光画的带夫
人逛街的漫画

持下拟定的，被人称为"汉语拼音之父"。而他的孙女小时候却
风趣地说他："爷爷，你亏了，你搞经济半途而废，你搞语文半路
出家，两个半圆，合起来是一个'O'。"周有光笑着说："一点不
错，我就是这么回事。"

　　周有光是一位博学多识，又同时充满情趣的人。他喜欢交朋
友，家中经常高朋满座。周有光非常健谈，且文思敏捷，出口成
章，颇多新意。聂绀弩形容他是"黄河之水自天倾，一口高悬四
座惊"。周有光还喜欢说笑话，有时讲着讲着自己就会像孩童一
样笑出声来，这时，他的一只手又会不由自主地挡在嘴前，好像
不好意思笑成这样。

　　周有光的夫人张允和是合肥九如巷张家著名四个才女之一，
两人相敬相爱一起生活了70年，两人80多岁时，周有光还常常
骑着三轮车带夫人去逛街。为此，著名漫画家丁聪还给他画过一
幅漫画，很有趣。

　　周有光尤其令人敬佩的是他的思想始终不落伍，一直走在时
代潮流的前沿，一百多岁时，仍像年轻人一样赶时髦，追新潮，
这也是人们称他"新潮老头"的由来。

　　周有光一百岁时，提出"终身教育，百岁自学"，并出版了《百岁新稿》，一百多岁时，仍笔耕不辍，每个月还要给《群言》杂志写一篇文章。他不仅坚持写作，而且思想很新潮。他书架上的书，有很多是很赶时髦的，很多是从海外寄来的引领潮流的新书。他写作用电脑，对一连串的电脑术语比年轻人还熟悉，是个名副其实的"新潮老头"。

　　他的夫人给他的评价是"有光一生，一生有光"，这是很贴切的。

后　记

作家喜欢用笔名，艺人喜欢起艺名，文化名人、社会名流多有别号。

笔名、艺名、别号是文化领域特有的，文化的内涵丰富，历史韵味浓厚，别有情趣，引人入胜的内容，深受读者的喜爱，这也是作者编写《笔名、艺名、别号的故事》一书的缘由。

作家的笔名丰富多彩，家乡的山水、个人的经历、生活的处境、忧国忧民的情怀、为国奋斗的激情、个人的爱好、生活的趣事都能融入笔名之中。作家在起用笔名时，多在文字和名称上精心推敲和修饰，很多精彩的笔名令人赞叹不已。

瞿秋白在《热血日报》上发表配合五卅运动的短文时，先后用了"热""血""沸""腾""了"五个笔名，这五个笔名连在一起便是一句响亮的战斗呼声："热血沸腾了"。

作家刘半农喜欢写打油诗，他还特意为自己取了个"桐花芝豆馆主"的笔名。桐子、花生、芝麻、大豆都是打油的原料，用打油的原料作为喜欢写打油诗的作者的笔名，既贴切，又有趣。

艺人起艺名除注重辈分外，更注重艺名要鲜明响亮、招人喜爱，以此聚集人气、扩大影响。也有艺名很注重文化内涵，如著名相声演员马三立。马三立原名马桂福，马三立是他自己起的艺名。马三立自我调侃他的艺名是"马剩下三条腿，对付着还能立得住"。其实，这个艺名文化内涵是很厚重的，"三立"指的是"君子有三立，立德，立功，立言。"语出《左传·襄公二十四年》之文。

别号有自己起和别人命名两种。一般自己所起，则褒贬随意、蕴含丰富；别人所命，则嬉笑怒骂，诙谐幽默。

国民党元老吴稚晖喜欢长袍马褂，穿圆口布底鞋，两个裤角塞在一双深色的长筒袜子里，就像一个乡下佬，不管是参加大典盛会还是亲友婚庆丧事都是这副打扮，为此，人们给他起了个"布衣大佬"的别号。而他自己则自称是《红楼梦》中大观园里的"刘姥姥"。这两个别号起得既形象又风趣。

笔名、艺名、别号里都有故事，且多有情趣，读者在轻松愉悦的阅读中，便可获得知识，受到启迪。这也是本书融知识性与趣味性于一体的特点所在。

本书在编写过程中，参考和引用了有关报纸、杂志、著作中的一些资料，在此一并说明，并致以谢意。

2024 年 1 月